Desde Tu Cabeza Hasta Tu Corazón

El cambio que anhelas está a solo 18 pulgadas

MARÍA DURSO

Algunos textos bíblicos han sido tomados de la versión Reina-Valera ©1960 Santa Biblia, Letra Grande Tamaño Manual con Referencia. Copyright © 2008 por Holman Bible Publisher. Todos lo Derechos reservados. Derechos internacional registrados.

Algunos textos bíblicos han sido tomados de la versión Reina-Valera 1960 versión español, La Santa Biblia Edición de Promesas. Copyright © 1994 por Editorial Unilit. Todos los derechos reservados.

Algunos textos bíblicos han sido tomados de la Edición Bilingüe Reina-Valera ©1569, 1602, 1862, 1909, 1960 y la versión King James. Broadman and Holman Bible Publisher. Todos los derechos reservados. Copyright Internacional.

Algunos textos bíblicos han sido tomados de *Bible Gateway*, versiones Nueva Versión Internacional y la versión La Biblia de las Américas (acceso desde Noviembre del 2015 a Enero 2016) https://www.biblegateway.com.

Portada del libro diseñado por Hannah Rose Beasley
ISBN: 1515025284
ISBN-13: 978-1515025283

¡*Wow*! María le ha dado en el blanco con este libro tan necesitado. Ella conoce íntimamente la diferencia entre la cabeza y el corazón. Es nuestra tendencia cultural de tratar de descifrar la vida y los retos intelectualmente, se está enfrentando a una batalla que sin revelación de la escrituras, no podrá ser ganada. Usted y yo tenemos que reconocer que nuestras emociones nos traicionaran en cada paso. No podemos analizar el perdón y el amor de Dios por nosotros. La clave es nuestro corazón. El apóstol Pablo nos dice en Efesios 1 que ya hemos sido bendecidos con toda bendición espiritual. Pero aun así es difícil darse cuenta de la inmensidad de esta verdad. Necesitamos tener su Espíritu de sabiduría y revelación para plenamente comprender Su amor y la restauración y sanidad de nuestros corazones. Solo entonces podremos caminar por fe y no por vista o por emociones.

Michael y María Durso son ambos milagros caminantes y vivientes. De eso no hay duda. Su amor para Cristo y el uno para el otro, como también su compasión por personas es lo que los hacen tan atraídos por otros. Por tal razón los amo y los cuento como amigos muy queridos.

¡Muy bien María!

-Nicky Cruz
Evangelista y Autor

Por lo general a las personas no les gustan los cambios. El asombroso viaje personal de María Durso y la intervención de Dios, revela la transformación extraordinaria para todos nosotros que nos atrevemos a creer en Jesús. Este es un cambio a los que todos debemos darle la bienvenida. No es solo para ti. Es también esencial para una vida plena de gozo, esperanza y amor. Cuando leas este libro, aprenderás a encontrar paz con Dios para ti y como llevar a otros a hacer los mismo. Este es un cambio para el cual puedes vivir.

-Comisionado Jame M. Knaggs
Comandante Territorial, El Ejercito de la Salvación, en los E.U.A.
(The Salvation Army)

María es una persona única con una historia de su vida que traerá lágrimas y una fe mayor por lo que Dios puede hacer para cambiar a una persona. Desde las peores circunstancias hasta el milagro de la transformación de la gracia. Este libro tocara las vidas de todos lo que lo lean. ¡Bien hecho María!

-Frank DaMazio
Pastor Principal de City Bible Church en Portland, Oregon, en los E.U.A.

Se ha dicho que la emoción es el punto esencial de la lógica. Aunque somos creaturas lógicas y completamente intelectuales, los cambios profundos ocurren cuando personas entran a nuestros corazones. María Durso tiene el arte de tocar nuestro corazón porque valientemente abrió su corazón a Dios y ahora a nosotros en este maravilloso trabajo.

-David D. Ireland, PHD
Pastor Principal, Christ Church, Montclair, New Jersey, en los E.U.A.
Autor del libro "The Kneeling Warrior" (www.DavidIreland.org)

¡Nunca he conocido a alguien que ame mas escuchar la voz de Dios que María Durso! La devoción y dedicación de María en la adoración y a la palabra de Dios son contagiosas. La visión y revelación que María encuentra en las escrituras están tan llenas de libertad y poder, ya que es evidente que su tiempo pasado con el Señor produce posos de profundas sabiduría. Hay una confianza que María lleva con ella, que es dado de Dios por los perdidos y los quebrantados que es raro y invaluable. ¡La pasión por redención y la integridad de María, es un regalo para el cuerpo de Cristo en todo lugar!

-Rita Springer
Líder de Adoración, Cantante y Compositora

Desde el momento que leí la introducción de este libro, de mi querida amiga la autora María Durso, sabía que sería un poderoso instrumento para la sanidad profunda. Muchas personas caminan por la vida inconsciente de que tienen una condición del corazón. Pueden sentir los efectos o síntomas pero no pueden localizar la causa.

En este libro asombroso iras en un viaje a la profundidad de su corazón y el viejo proverbio "mi corazón tiene una mente propia" se convertirá en una realidad para ti.

Descubrirás cosas que estaban profundamente guardadas que luego comenzaran a salir a la superficie y será movido por la información reveladora entre estas páginas. ¡Cuando ya leas la última oración, encontrarías que igual a María, Dios es capaz de hacer excesivamente y abundantemente más de lo que puedas pedir o pensar!

-Carol Kornacki
Evangelista y Autora

María no es solamente dotada con visión en los temas de la iglesia y asuntos de la familia. Su visión espiritual y habilidades, la llevan a comunicar la palabra de Dios en una manera práctica, en una forma que cambia las vidas y es de bendición a cada lector. Ella es dotada para enseñar a cada persona lo fácil que es, no solo conocer al Señor, sino también el poder caminar con El todos los días.

-Mary Colbert
Co-Fundadora de Divine Health Ministries
Autora de "13 Women You Should Never Marry"

María Durso ha escrito un libro que nos ofrece la posibilidad de realizar el excito en cada área de nuestras vidas. Ella nos enseña de que si logramos conseguir el lugar correcto del corazón, podemos lograr que todo lo otro esté bien. La Escrituras nos habla de que el corazón siente, razona, entiende, imagina, discierne lo bueno, lo malo y toma decisiones, y no puedo estar yo mas de acuerdo con el mensaje de este libro. Aun más allá del mensaje, he sido impactado con la credibilidad de esta mensajera. María absolutamente encarna la verdad. Ella junto a su esposo, Michael- han dirigido una de la iglesias grandiosa en Nueva York por más de 30 años— son unos muy queridos amigos y mentores tanto para mí como a mi esposa, Sharon. Puedo confirmar que María es un testimonio viviente a este mensaje tan poderoso. Yo sin duda le recomiendo a María y su maravilloso libro.

-Terry A. Smith
Pastor Principal, The Life Christian Church
West Orange, New Jersey, en los E.U.A.
Autor del libro "Live 10: Jump-Start the Best Version of Your Life"

María Durso encarna con pasión el profundo mensaje en su nuevo libro. Hay sin duda un poderoso eslabón entre el corazón y la cabeza que transformara las vidas. Con la unción de Dios, María comparte en su libro la visión de Dios. Es una fusión ardiente entre el corazón y la cabeza, permitiendo el empoderamiento del Espíritu Santo. Cada vez que escucho a María, siento que en mi corazón arde una llama y mi mente es retada y cambiada. Para todo aquel que se atreva a tomar estas páginas y leerlas, estoy seguro de que ellos también experimentara una revolución en su cabeza y corazón.

-Cory Jones
Pastor Principal de Crossroad Tabernacle, Fort Worth, Texas en los
E.U.A.

Si en alguien puedo yo confiar que puede llevar la primicia del conocimiento que Dios le ha dado en desde la cabeza al corazón sería a María Durso. He estado al lado de ella en las reuniones de oración en la Iglesia Christ Tabernacle y he podido escuchar su apasionado clamor a Dios por la iglesia y la comunidad. La he visto mantenerse firme al pasar de los años con una fe inconmovible para sus tres hijos, durante los tiempos difíciles hasta que se convirtieron en los hombres de Dios hoy día. La he escuchado conmover los corazones de las audiencias, de todas las edades, con la historia de su vida y sus predicaciones. María tiene un corazón encendido en llamas para Dios. Yo estoy confiado que el Espíritu Santo encenderá también tu corazón en llamas atraves de las páginas de este libro.

-Alec Rowland, DMin

Pastor Principal de Westgate Chapel en Edmond, Washington, en los E.U.A.

Presidente de Church Awakening en Edmond, Washington, en los E.U.A.

DEDICATORIA

Primeramente, este libro se lo dedico al Espíritu Santo. Por muchos años cuando las personas me decían que debía escribir un libro, yo siempre le contestaba "Si Dios quiere que yo escriba un libro, El me enviara un editor".

Cuando comencé a escribir el libro, estaba aterrorizada y sentía que necesitaba conseguirme un escritor anónimo conocido también como escritor fantasma. El Espíritu Santo me hablo a mí y me dijo "Tú no necesitas a un escritor fantasma. Tú tienes al escritor el Espíritu Santo."

Sin duda, El has sido la fuente de todas estas revelaciones.

También me gustaría dedicarles este libro a todos aquello que igual a mí, han luchado a realmente creer en lo más profundo de sus corazones de que son amados y son de un valor apreciado por Dios. En fin para que puedan todos hacer el viaje de las 18 pulgadas.

TABLA DE CONTENIDO

AGRADECIMIENTOS

Sobre todo quiero darle las gracias a mi maravilloso y amado esposo Michael, quien por casi cuarenta años siempre ha sido mi animador mayor. Gracias Michael, por gentilmente sentarme e inquietarme a no aplazar este libro más tiempo y recordarme que yo fui creada para esto. Gracias por pacientemente leer los capítulos, todos los capítulos, repetidamente en muchas ocasiones. Tú eres mi gran amor y motivador.

A mis maravillosos hijos…

Adam, quien hubiera pensado que el pequeño niño que una vez dijo que quería ser presidente, se convertiría en una de las influencias principales de esta generación, creando cambios en el ministerio de la juventud. También has sido una voz profética para hablarle a aquello que tiene la habilidad de influenciar a otros. Tú eres uno de las personas más brillantes, perspicaz y sensible que conozco.

Jordan, quien hubiera pensado que el pequeño niño que nunca quería dormir en casa ajena iva a terminar viajando a las cuatro esquinas del mundo. No solo te has convertido en el represéntate de Dios en palacios presidenciales, también has llevado el Evangelio y ayuda humanitaria a los más necesitado. Tú eres una de las personas más compasivas, misericordiosas e intrépida que conozco.

Chris, quien hubiera pensado que el pequeño niño que fue diagnosticado con ADHD (síndrome de déficit de atención) y llamado tonto por su maestro de primer grado, escribiría uno de los libro mas revolucionario y a la vez dirigieras al ministerio de jóvenes adultos y la juventud más impactante en esta nación. Dios te ha impulsado y llevado a pararte sobre las tarimas más deseadas alrededor del mundo. Tú eres una de las personas más cariñosas, tiernas y creativas que conozco.

Cada uno de ustedes es un gran transformador del mundo, en sus propios llamados y lo sé por el hecho de que han cambiado mi mundo. ¡Soy su más gran admiradora! Gracias por ser parte del regalo de Dios en mí. No puedo imaginarme lo que el Señor tiene deparado para todos ustedes y los nietecitos de Papa y Nana.

A mis nueras, Lucy y Yahris: Dios le dio a mis hijos las mejores, más adecuadas e invaluable regalo, cuando El los unió a mis hijos. Fueron hechas justamente a la medida para que sean los perfectos complementos a nuestra familia y llenar ese lugar en mi corazón.

A mi hijo en el Señor, Ralph Castillo, quien hubiera pensado que el día que llagaste a nuestro hogar cuando eras un niño, también entrarías a nuestro corazón. Para mi tu eres el niño símbolo de este libro. Aunque las posibilidades no estaban a tu favor, emprendiste el viaje de dieciocho pulgadas y te convertiste en un gran hombres de Dios y el comunicador más brillante que conozco.

Quiero agradecerle a mi increíble asistente, Penny Mack que vale un millón para mí. Nunca podria estar sin ti. Incansablemente me ayudaste con mi investigación y siempre estuviste a mi lado apoyándome en cada etapa de este proceso.

Deseo agradecerle a Marie Armenia, quien es una gran autora. Celebraste cada vez que se hacia un reescrito como si fuera una fiesta con banda y todo. Con todo el tiempo que le dedicaste a este libro, podrías haber terminado tu propio libro. Gracias mi amiga.

A mi querida Diana Denis, te vi crecer y como has crecido. Eres tan increíblemente talentosa y me animaste a yo cumplir con mi llamado. Gracias.

A Renee Fisher, el gran anhelo y entusiasmo que tenias para ver este libro ya imprimido fue enviado por Dios. Que regalo tan increíble eres para el cuerpo de Cristo y para mí.

A toda la banda de los intercederos de oración de "Christ Tabernacle", mis guerreros, su dirigente Brenda Finn, quien ha soplado los vientos de Dios detrás de mi atraves del proceso de las dieciocho pulgadas. Nada de esto hubiera sido posible sin todos ustedes.

Ultimo pero no menos importante, a mi familia de la Iglesia Christ Tabernacle, quienes juntos han tomado el viaje de las dieciocho pulgadas atreves de cada etapa por tres décadas. Pastoreando junto a mí amado esposo ha sido uno de mis más grandes gozos. No hay ningún lugar como estar en casa. Los amos y los necesito. ¡Los amo Iglesia!

PROLOGO

María Durso esta extraordinariamente cualificada para hablar de los cambios que Jesús puede hacer en una vida. ¡De hecho, se podría decir que ella tiene un Doctorado en el tema! Su libro, *Desde tu Cabeza hasta tu Corazón*, relata no solo los cambios que Dios hizo en su propia vida, pero también enseña muchas lecciones valiosas que ella aprendió y desde el día que se convirtió en un milagro caminante.

En el siglo veintiuno, el enfoque de muchas religiones es los hechos de Dios, y deseo que lo grabes en tu memoria y no lo olvides. Pero, cuando hablamos de experimentar el poder transformador de Cristo Jesús, de manera que altere todo lo de nosotros, se convierte en una historia muy diferente. Dios ha movido a María a proclamar y enseñar de algo mucho más profundo que un concepto mental del Creador del universo. Ella nos invita, a tener y experimental el cambio real que viene de alguien que nos ama más de lo que nosotros nos podemos imaginar.

Hoy día la palabra *cambio* intimida o le da miedo a muchos ya que parece ser que es más seguro mantenerse en el estado a la cual están acostumbrados. Pero el nuevo libro de María Durso es la excepción, ya que va calmando los temores, mientras ella explica los pasos que nos guiara a la paz, gozo y a una vida llena de propósito mas allá de lo que podemos soñar. Lo que hace que sea aun más poderoso, es que ella lo experimento en su propia vida. Ella no es una autora con un argumento o posición doctrinal. Ella sabe personalmente la distancia entre tu cabeza y tu corazón y tiene la llave con la que te puede ayudar abrirte a todas las cosas que un Dios amoroso tiene planificado para su vida. Lee este libro con cuidado, medita en las verdades sencillas y experimentaras el mismo maravilloso cambio que Dios le dio a María.

-Jim Cymbala
Pastor Principal
De la Iglesia Brooklyn Tabernacle

INTRODUCCIÓN

En el año 1975 me convertí en cristiana. Fui salvada de una vida de un pasado pecaminoso y de perdición. Como leerán en este libro, yo fui libertada del abuso de drogas, de las fiestas y de un estilo de vida inmoral. Esto cambio el día que yo camine por la larga fila de la iglesia, hacia el altar para entregarle mi vida a Cristo.

Inmediatamente mis comportamientos inmorales externos se fueron. Lo que no ocurrió de inmediato fue la liberación de años y años de bajo autoestima. Tomaría décadas para yo lograr sentirme que realmente yo era amada y aceptada por Dios y el poder reconocer que yo tenía mucho valor y que mi Dios Santo podría usar a alguien con un pasado como el mío. Vivía mi vida en una confusión y una agonía personal. Tenía una batalla de ira dentro de mí. Yo sabía en mi mente que Cristo me ama, "la Biblia lo dice así". Sabía en mi mente que no era huérfana, porque la palabra de Dios me dice que yo he sido adoptada en su familia. Pero pasarían muchos años antes de que ese pensamiento se trasladara a mi corazón.

Yo siempre me sentía como que entre mi cabeza y mi corazón había lodo. Seria ardua la lucha que yo tendría atreves de muchas capas de resistencia, antes de que al fin la verdad pudiera entrar a mi corazón. La batalla fue muy intensa. Leí un buen libro sobre el campo de batalla que tenemos en nuestra mente pero, el saber algo en tu cabeza y el saberlo en tu corazón es un mundo de diferencia. El estar seguro en tu corazón que uno es amado es muy diferente de saberlo en tu cabeza. Confiando en alguien en tu cabeza y confiando en alguien en tu corazón es tan diferente como tener un conocido o tener a esa persona como tu mejor amigo. El saberlo en tu corazón cambia todo. Ya que tú corazón es el que sella el acuerdo.

Se ha dicho que hay una distancia de dieciocho pulgadas desde la cabeza hasta el corazón, una separación de solo un pies y medio. Cuando pienso en mi pasado, me doy de cuenta que muchas veces yo estaba a dieciocho pulgadas de mi victoria. Solo dieciocho pulgadas de un terreno empinado necesitaba ser conquistado. La distancia de dieciocho pulgadas parece ser corto pero ese camino es extremadamente largo y un camino torcido. Pero esta distancia puede definitivamente ser más corto y el camino con mucho menos turbulencia cuando logramos hacer una conexión vitalmente necesaria.

En el año 1991 el Dr. J. Andrew Armour, presento la idea de que el corazón tiene su propio cerebro. En su libro *Neurocardiology*. Armour revelo que el corazón "tiene un elaborado circuito que lo permite actuar independientemente al cerebro craneal, para aprender, recordar y aun sensación y sentido".[1] ¡Esta información extremadamente importante, confirma lo que yo he sentido por años y demuestra, que no era una persona rara! Luego me di de cuenta que si esto era en realidad la verdad, pues uno, la Biblia lo confirma (porque la ciencia demostrara lo que ya Dios ha escrito en su Palabra). Dos, no sería yo la única que siento esta profunda división en mi interior.

De acuerdo a la investigación, el cerebro en tu cabeza está conectado al cerebro en tu corazón. Ambos cerebros se envían mensajes el uno al otro atreves de miles de neuronas y pequeños filamentos pero el mensaje no necesariamente tiene que coincidir.[2] Para nosotros pareciera ser alguna información médica aburrida que no tiene nada que ver con nuestra vida espiritual. Pero, te aseguro tiene todo que ver con nosotros. Esto afecta todas las diferentes etapas de nuestras vidas especialmente nuestra vida espiritual.

Piensa en la realidad detrás de esta verdad. En ocasiones decimos "mi mente me dice una cosa, pero mi corazón me dice algo diferente". Por esta razón nuestro comportamiento está fuera de sincronización con lo que declaramos creer. Ningún cristiano de fe y nacido de nuevo se atrevería leer la Palabra y decir "realmente no creo eso" o "yo creo que Dios es un mentiroso porque lo que yo siento no va a la par con lo que estoy leyendo". ¡Nunca! Esta es la razón por la cual podemos escuchar un mensaje, salir de la iglesia y creemos que podemos escalar una pared, sabiendo realmente que la Palabra de Dios es *así sea* y *amen*. Aun así, al pasar una semana nos encontramos que la emoción detrás de esa verdad que transforma vidas, se queda en nada. Es como si el ladrón de la revelación nos robara la fe que teníamos para vivir la verdad que habíamos recibido.

No creo que el problema fue con nuestra habilidad de creer la verdad en nuestra mente. Yo creo que mientras la verdad esta encamino a nuestro corazón, fue de repente rechazado y expulsado por el cerebro del corazón por algún temor vivido en alguna experiencia de nuestro pasado. Parecido en cierto modo a un infarto. El corazón es el centro de nuestras emociones, no la mente. Es el lugar donde toda la acción en nuestra vida toma lugar. La Biblia dice en Proverbios 23:7 'porque cual es su *pensamiento en su corazón, tal es él*'. No dice que como el hombre piensa en su cabeza. Proverbios 3:5 dice; "Fíate de Jehová *de todo tu corazón*, y no te apoyes en tu propia prudencia" (rv1960). ¡No dice; fíate de Jehová con *toda tu cabeza*! La Biblia claramente hace una diferencia entre la cabeza y el corazón. Salmos 26:2 dice; "Escudríñame, oh Jehová y pruébame; examina mis *íntimos pensamiento* y *mi corazón*" (rv1960).

Aunque la batalla es muy real en nuestras mentes, no creo que podemos ignorar la otra batalla grande en el corazón que tiene que ser ganada. La batalla intensa que tenemos en nuestras mentes es solo la mitad de la batalla. El cerebro de corazón tiene que ser sanado de todo los años de decepciones y rechazo. Necesitamos que Dios sane nuestro corazones quebrantados o tal vez se sería mejor decir, sanar de la manera tan quebrantada en la que piensa nuestro corazón.

Yo creo que estamos a solo dieciocho pulgadas de nuestra victoria y tal como los bomberos buscan a donde origino un fuego entre los escombros y cenizas, de igual manera podemos nosotros identificar las área desde donde comienzo lo nuestro y pedirle a Dios que nos sane. Mi oración es que este libro sea como un tan anhelada medicamento y que cuando termines de leer estas páginas, la sanidad comience a fluir sobre ti. Yo creo que en cuanto identifiquemos estos lugares vulnerables, Dios podrá darnos un "lavado de cerebro" necesitado para sanar la hemorragia en el cerebro de nuestro corazón. Comencemos este viaje de dieciocho pulgadas desde la cabeza a los valle más profundos de nuestros corazones. ¡Matemos a ese gigante que está desafiando las promesas de Dios e impidiendo nuestras bendiciones!

CAPITULO 1 – EL GRAN DISTORSIONADOR DE LA REVELACIÓN

S i tomas el tiempo para recordar tu pasado para tratar de entender el porqué eres de tal manera, estoy segura que podrás identificar algunos momento en específicos que fue acompañado por alguna palabra en especifico, que le dio forma a tu manera de pensar. Pareciera ser que esas palabras tomaron una vida propia. Sean positivas o negativas las palabras pueden tener un efecto en el curso que toma nuestras vidas. La Biblia dice en Proverbios 18:21, "La muerte y la vida están en poder de la lengua". No hay una verdad mas cierta que esta. Las palabras pueden enterrarnos o resucitarnos.

Cuando las palabras salen de nuestras bocas, es como un lápiz afilado que escribe en las profundidades de nuestro corazón. Las palabras escritas pueden darnos confianza o fracaso. Mucho antes de que nos encontremos reaccionando dramáticamente a situaciones en la vida, las palabras escritas en nosotros antecedieron nuestras acciones. Las palabras que nos son habladas en un pasado nos marcan para nuestro futuro. Tal como fue mi experiencia. Pareciera ser que casi todo lo que me ocurría, solo confirmaba que lo que me habían dicho en mi niñez era cierto.

Es un hecho científico que cada palabra que se nos dice, están grabadas profundamente en la memoria del cerebro del corazón. Como ya les mencione en la introducción, los científicos recientemente han confirmado lo que fue escrito en la Biblia miles de años atrás. Han descubierto que el corazón tiene su propio cerebro. Tiene la capacidad de pensar y almacenar memorias. La palabra declara que tal como el hombre piensa *"en su corazón, tal es él"* (Proverbios 23:7*)*. La manera en que nosotros miramos la vida y la manera en que pensamos, viene de los pensamientos impresos en el cerebro del corazón, ya que las palabras nos fueron habladas anteriormente a nosotros. Por tal razón, nos lleva a creer que es quiénes somos y pareciera casi imposible de creer de otro modo, ya que las palabras están profundamente grabadas en nosotros.

Durante la niñez se nos lanza continuamente ataques negativos a nuestro corazón, que resultan ser como "pequeños infartos" en los cerebros de nuestros corazones, que en cambio forman la manera en la que vemos la vida. Es en el "cerebro del corazón" donde nuestros sentimientos o las emociones se encuentran. Por lo tanto, se puede decir que los sentimientos son el más grande distorsionador de la revelación. Las emociones a menudo esconden la verdad de la Palabra de Dios. Es como si hubiera una obstrucción en el cerebro del corazón que nos impide creer los que la Biblia nos dice. Esto nos lleva a sufrir de angustias innecesarias.

¿Podrías decir que su corazón está roto? Técnicamente es el cerebro de tu corazón el que está roto. Pero Dios nos dice en su Palabra que *"El sana a los quebrantados de corazón"*. El deseo de Dios es venir a ti y restaurar los lugares quebrantado y hacerlos completos, tal como lo hacen los cirujanos. Como nuestro Medico por excelencia, el Espíritu Santo quiere reparar nuestros corazones hasta que estén totalmente transformado y funcionando tal como El tenia intención que trabajase. El no quiere solamente reescribir nuestro futuro, también quiere usar nuestro pasado para ayudar a otros.

Cuando era una niña pequeña, una mujer religiosa me dijo que yo no tenía una madre porque *Dios pensaba que yo no me merecía una*. Las palabra *"yo no merecía"* o *"Dios piensa que no te mereces"* son las palabras que le han dado forma a la mayor parte de mi vida. Estas palabras quedaron grabadas en lo más profundo de mí ser. Esas palabras, que eran una opinión, formaron quien yo pensaba que era, como también cual eran los sentimientos de Dios hacia mí. Cuando llegaban oportunidades extraordinarias a mi vida no las podía disfrutar porque pensaba que no me las merecía. A propósito yo me hacia sabotaje y me convencía de *no* tomar las oportunidades porque mi interior me decía a gritos, ¡*Tú no te lo mereces*! En vez de intentarlo a ver si lo que sentía era verdad y se convertía en una realidad, en esos tiempos, prefería *no* intentarlo. Yo he dicho con frecuencia que cosas grandes pueden pasarte *a ti* y *para ti*, pero si no pasa *en ti*, tu opinión de ti mismo no cambiara. Somos guiados por nuestros corazones o los cerebros de nuestros corazones.

Nuestra fe cristiana está basada en creer que somos amados por Dios. Por más mal que sea el estado en que estemos nosotros, somos incondicionalmente amados por este Dios amoroso y solamente El nos puede cambiar de adentro hacia afuera y hacernos a su imagen y semejanza. Ese es el evangelio, las buenas nuevas... no, permítame corregirme... ¡*la grandiosas nuevas*! Si este sistema de creencia no está firmante en su lugar, nuestro fundamento esta inestable. No, permítame corregirme nuevamente... esta mucho más que inestable, porque hace que nuestra fe esta tan débil que puede ser derribado en cualquier momento, con el más mínimo desaprobación de alguna persona. Nos lleva a vivir con el temor de que Dios está disgustado con nosotros. No convertimos temeroso de cometer errores, temerosos de ser juzgado o criticado y profundamente atemorizado del fracaso. Por lo tanto, comenzamos aplazar el tomar ese paso de fe y hacer lo que Dios nos ha llamado hacer, no porque no amamos a Dios, pero porque tememos que El realmente no nos ame a nosotros.

Esto es lo que me ocurrió a mí. ¡Oh! yo sabía que Dios te amaba a *ti*, pero yo verdaderamente no creía que El realmente me amaba a *mí*. Cada vez que ponía mi cabeza sobre mi almohada, nunca estaba segura de haber hecho lo suficiente. Yo vivía bajo constante acusaciones y culpa. Escuchaba voces en me cabeza que decían: "Si en realidad tu amaras a Dios, tu hubieras orado por dos horas". "Si en realidad tu amaras a Dios, tu hubieras echado todo tu dinero en la ofrenda". ¡Si en realidad amara a Dios, tu hubieras llevado a la hermana tal y tal a Tombuctú! Bajo el peso de esta tan pesada carga, me desgastaba tratando de lograr ganarme la aprobación de Dios, en vez de descansar en el conocimiento de que ya yo tengo Su aprobación y por tal razón puedo respirar y vivir para Él, y tú también lo puedes hacer.

Una Gran Pesadilla

Mi madre y padre tenían negocios de clubs nocturnos. Mi padre era dueño de un club nocturno en Manhattan y mi madre era cantante de un club nocturno. Luego de un par de años, deseaban desesperadamente tener un bebe. Pasaron años intentándolo y a los veintinueve años mi madre estaba en el estado de embarazo. Era el año 1950. Desde el comienzo de su embarazo sufría de fuertes dolores de cabezas. En esos tiempos no habían tales estudios medico de resonancia magnética (MRI o los CAT). El médico solo comentaba que los dolores de cabeza eran debido al embarazo y que comenzarían a disipar luego del primer trimestre.

Pero los dolores de cabeza no cesaron, y un día cuando mi madre tenía cinco meses de embarazo, mi padre llego a la casa y la encontró a ella con su cabeza envuelta en una toalla. Estaba golpeando su cabeza contra la pared tratando de encontrar algún alivio del dolor. Ella tenía un dolor insoportable. Ella fue llevada con urgencia al hospital. Los médicos le dijeron a mi padre que ella tenía un tumor inoperable. Cuando estaba en el hospital ella entro en un estado de coma y lo médicos la operaron y dio a luz una niña de dos libras y media. Mi madre nunca tuvo la oportunidad de verme ni tenerme entre sus brazos.

El día que mi madre murió fue el día que mi padre también murió. Aunque estaba físicamente respirando, el no estaba vivo. Perdió el amor de su vida y un bebe, ya que un bebe prematuro no era un consuelo, mucho menos un remplazo. Cuando mi papa se desconecto de su realidad, fui llevada al Foundling Hospital en Nueva York. Ese era el lugar donde ubicaban a los huérfanos. No tenia nombre en mi certificado de nacimiento. Nadie se había molestado en darme un nombre porque nadie esperaba que yo viviera. Realmente, ¿Cuáles serian las probabilidades de yo sobrevivir en ese peso para esos tiempos? ¡Dios tenía que tener un plan!

Una enfermera me puso el nombre de María luego de estar hospitalizada por ocho meses. En vez de consumirme, comencé a crecer y me puse más fuerte. Cuando ya estaba lo suficientemente saludable, mi padre por fin vino a buscarme y me llevo a casa. ¿Pero qué haría este hombre con una bebe? "Padre soltero" no ere un término que se usaba para esos tiempos. Yo creo que mi padre hizo lo mejor que él pudo considerando la circunstancia que le había tocado. Pero, el definitivamente sufría de depresión, aunque en esos tiempo no se sabía mucho de la depresión ni tampoco era realmente diagnosticado en esos tiempos. Mis recuerdo eran de el sentado mirando por la ventana de nuestro apartamento en Manhattan con un cigarrillo y un vaso de whisky escocés en su mano, llorando por la ausencia de mi madre. Luego, fueron pocas las palabras que él decía, pero crecí pensando que yo le di a mi madre un tumor canceroso en el cerebro y que si no hubiera quedado embarazada conmigo, ella aun estaría viva.

Cuando tenía apenas los tres años, mi padre me matriculo en un internado religioso. El pensaba que mis necesidades serian suplidas en ese lugar. No había mujeres en mi vida, por lo tanto, él creía que yo me apegaría a las mujeres que estaban en ese lugar. Mi padre no tenía los recursos para alimentarme y en la escuela me alimentarían con tres comidas diarias. El también pensaba que mis necesidades espirituales serian provistas. Yo aun me acuerdo del día en que él manejo por un largo camino de gravilla y se estaciono frente a un enorme edificio. Las puertas parecían medir cien pies de alto. Mientras sostenía mi pequeña maleta en mi mano, mi padre se inclino a mí y me dijo; "María, esto es lo mejor para los dos y vendré a visitarte cuando yo pueda". Pero, sus visitas fueron muy pocas y muy distanciadas el uno de la otra.

Una mujer vestida de negro desde su cabeza a los pies contesto a la puerta y me escolta hacia adentro. Yo escuche la puerta cerrar de golpe detrás de mí. El lugar era frio y yo aprendería sobre la carencia de amor. El lugar que se supone fuera la respuesta a mis necesidades, se convirtió en todo menos eso. Fue en este lugar que comenzaron mis pesadillas.

Las monjas me daban golpes habitualmente. Me halaban trozos de pelo de mi cabeza y me daban puños en mi rostro. Me obligaban a poner mis manos sobre el borde de un escritorio y le dejaban caer con fuerzas la tapa del escritorio sobre mis manos. Me despertaban a mitad de la noche y me ponían en un lugar oscuro, como una escalera fría. Me dijeron que el diablo vivía dentro de mí porque era zurda. Para sacar el diablo que decían estar dentro de mí, me ponían dentro de un baño de agua hirviendo.

En el verano cuando las otras niñas se regresaban a sus hogares, yo me quedaba en el internado. Yo sería abusada sexualmente. Me daban a tomar un vaso de vino moscatel para que estuviera en un esta soñoliento y luego despertaba en la cama de otra persona. Pero aun peor que todo abuso sexual o físico era el abuso emocional que yo tuve que aguantar. Esto es cuando yo escuche la oración terrible que me llevo a pensar que yo era una perdedora y que esta era la sentencia de Dios para mi vida. "María", me dijeron, ¡tú no tienes una madre porque *Dios* pensó que tu *no te merecía una!*

Las otras niñas regresaban a sus hogares cada fin de semana y cuando regresaban al internado, regresaban con cartas de sus madres y padres. Sus maletas olían a lo que yo me imaginaba era el olor del amor. Pero aun más allá de las cartas y el dulce olor, lo más que yo deseaba era la marca de lápiz labial que tenían sobre sus mejillas. Ese era el sello. Significaba, "no te preocupes, yo regresare por ti la semana que viene." Significaba que eran protegidas. Nadie se atrevería ponerle una mano sobre ellas. Eran especiales y ellas lo sabían. Pero, yo no lo era. ¡Era tan sencillo como eso!

Ahora pienso que tal vez, solo tal vez, alguien se debió fijar en mi vida como un milagro que necesitaba que me criaran, me educaran y que se preocuparan que no me faltara nada. Tal vez, solo tal vez, Dios me amaba y tenía un gran propósito para mi vida. Tanto así, que El preservo mi vida cuando intervino y provoco que aquel medico me sacara del vientre de mi madre. Tal vez, solo tal vez, el no nacer ni ser criada bajo circunstancias normales no tiene que significar que soy rara ni una persona inadaptable a mi ambiente. Tal vez, solo tal vez, la presencia de pruebas no significa la ausencia de Dios. Pero como se me había dicho lo contrario, yo siempre estaba tras esa marca de lápiz labial para poder sentirme que estaba aprobada pero esa aprobación que yo tanto buscaba era algo que nunca ocurriría, por lo menos no con el hombre.

Una Revelación Profunda

Se arrojo luz en el meollo de mi situación, hace unos años cuando yo tuve una profunda experiencia. Hacían como algunos quince años en ese tiempo que yo ya era salva y ya me encontraba congregándome en la Iglesia Christ Tabernacle, que es la iglesia que mi esposo y yo pastoreamos. La Iglesia Christ Tabernacle es la primera iglesia que salió de la Iglesia Brooklyn Tabernacle y fue la primer Iglesia donde yo aprendí sobre la fe, la oración y experimente la presencia de Dios en mi vida. Por lo tanto, tu puedes imaginarte lo honrada y eufórica yo estaba cuando se me pidió que hablara en el primer retiro de mujeres. De inmediato fui delante del Señor y si me acuerdo con exactitud, mi oración fue algo así: "Señor, yo necesito una palabra desde el cielo" (Realmente no era necesario orar de tal manera. Después de todo, ¿de dónde más me enviaría. El una palabra? Definitivamente, ¡no vendría del otro lado!). Yo estaba en busca de algo bien profundo. Yo continúe, "Señor, este es la Iglesia Brooklyn Tabernacle, yo necesito una palabra" (mientras oía música al fondo). "Señor, por favor ayúdame". "Tiene que ser algo bien profundo". "Revélame quien es el Anticristo, el 666, algo del libro de apocalipsis que es el libro de la revelación, cualquier cosa". ¡Necesito impresionarlos a ellos!

Sé que tal vez estarán pensando, "Que egocéntrica es y que horrorosa estaba esa oración". Definitivamente así lo fue. Sin más decirles, Dios no me contesto esa oración. Entre más se acercaba el día de yo presentarme a hablarle a las mujeres, me comenzó a dar pánico porque el Espíritu Santo aun no me había dicho nada. De repente un día, una mañana que cambiaria mi vida, por fin lo escuche hablarme mientras arreglaba mi cama. En el momento que tendía el edredón, escuche el Espíritu Santo que me dijo, "Yo quiero que tu le preguntes a ellas, *¿Tú crees que Dios realmente te ama?*" Yo dije, *¿Qué?* "Señor, ¿tu quiere que yo le preguntes eso?" ¿Tú me estás hablando en serio? ¿Acaso tu no conoces el cantico que dice, Jesús me ama yo lo sé, su palabra me hace ver? "Señor, eso es tan elemental, es muy sencillo". ¿Cómo es posible, que yo me pare delante del las mujeres de la Iglesia Brooklyn Tabernacle y preguntarles una pregunta tan infantil?

Luego escuche la pregunta que cambio mi vida El Espíritu Santo me pregunto, "María, *¿tú* crees que realmente que yo te amo a ti?" Lo pensé por un breve instante y comencé a llorar copiosamente. O, yo creía que El amaba a otros, ¿pero a *mí*? Tuve que aceptar en ese momento, que yo no pensaba que Jesús realmente me amaba. Yo sabía *en mi cabeza* que El me amaba, pero entendí que realmente no creía en mi corazón que Él me amaba. Estaba a solo dieciocho pulgadas de mi victoria.

Esto es el lugar donde mi problema de confiar comenzaba, el lugar en mi vida, donde estaban mis profundas raíces. El Espíritu Santo al instante provoco en mí, cada sentimiento de inseguridades, sentimiento de vergüenza y de temor. En ese momento pude identificar en mí, que yo tenía una doble mentalidad sobre este tema. El creerle a Dios que él nos ama, es una verdad crucial, es el eslabón que nos une a nuestra fe. El no creer esto, será la diferencia entre vivir una vida tratando de conseguir la aprobación de Dios o vivir una vida sabiendo que ya tenemos su aprobación.

Considéralo de esta manera: Hay dos coros cantando. Todos están cantando el mismo cantico, moviéndose de lado a lado en la misma dirección, pero hay una gran diferencia. Mientras un grupo canta, exclamando desde lo más profundo de sus almas, ¿Señor, tú me amas ahora, estoy cantando? Mientras el otro grupo está cantando entre sí, "Yo canto, porque El me ama". En la iglesia todo nosotros estamos haciendo lo mismo, pero el punto no es lo que estamos haciendo. El punto es, *¿porque* estamos haciendo lo que hacemos?

Cuando nosotros realmente no creemos que seamos amados en nuestros corazones, nunca nos vamos a sentir que hemos hecho lo suficiente. No hay descanso, ni contentamiento en la presencia de Dios. Nosotros definitivamente necesitamos que nuestros corazones experimenten el lavado de cerebro para limpiarnos que remover todas las falsas impresiones que tenemos de Dios. El día en que tuve mi crisis, en mi habitación, mientras vestía mi cama, el Espíritu Santo me dirigió a abrir mi Biblia. El me dio una ilustración sencilla en relación a la vida de María de Betania, hermana de Marta y Lázaro. Comprendí ese día, que aunque no esté cronológicamente correcto, El me enseño que la revelación no era solo el comienzo de que mi mente y mi corazón fueran trasformados, pero también me encamino hacia la sanidad. La imagen que Él me dio fue tan clara como el cristal.

En Lucas 10:38-42, María está *sentada* a los pies de Jesús y con *manos vacías*. Su hermana, Marta, sale de la cocina como una lunática *acusando* a su hermana que le había dejado todo el trabajo. Marta representa la *familia*, aquellos que están cerca de nosotros. ¿Qué hizo Jesús? *¡El defendió a María!*

En Juan 12:1-8, La Biblia dice que faltan seis días para la Pascua y "Entonces María tomó una libra de perfume de nardo puro, de mucho precio, y ungió los pies de Jesús, y los enjugo con su cabellos" (v 3). Judas *acuso* a María de desperdiciar el perfume. ¿Porque no fue este perfume vendido por trescientos denarios, y dado a los pobres? le dijo él. Judas representa al *enemigo*. ¿Qué hace Jesús? *¡Él la defendió a ella!*

En Marcos 14:3-9, La Biblia dice que faltan dos días para la Pascua y María "quebrando el vaso de alabastro, se lo derramo sobre la cabeza de Jesús". Los discípulos la *acusaban* y la reprendieron con severidad. *¡Increíble!* ¿Alguien puede notar algún patrón en lo que ocurre? Los discípulos representan a nuestros hermanos y hermanas en Cristo. ¿Qué hace Jesús? *¡Él la defendió a ella!*

Al mirar esta simple ilustración, deseo compartir dos pensamientos. Primero, observemos el lenguaje corporal de María mientras ella va conociendo más a Jesús. En el principio ella está sentada a sus pies, pero no lo está tocando. Entonces, ella esta ungiendo sus pies con el perfume mientras *tocaba sus pies*. Luego ella está *rompiendo el frasco* y comienza a ungir la cabeza de Jesús, su rostro, de ojo a ojo. María ya podía sentir el aliento de Jesús sobre ella. ¡Esto es intimidad!

¡El rendirse es una pinta a la vez!

Segundo, observe que cada vez que María intentaba acercársele más a Jesús, ella fue *acusada*. Las acusaciones venían de voces familiares, su familia, el enemigo y *"la iglesia"* en otras palabras los hermanos en la fe. Pero, en cada caso, *¡Jesús la defendió!* Fue solamente cuando ella vio como Jesús la defendía y no la acusaba, es cuando pudo confiar en él, por eso pudo *entregarle* su posesión más valiosa.

Damas y caballeros, Jesús es nuestro defendedor. El no es nuestro acusador.

No permitas que esas voces que te acusan impidan por más tiempo que te allegues a Jesús. Sepa que cuando usted toma un paso hacia adelante, *enfrentaras oposición, ¡pero no vendrá de Él!* La Biblia nos dice: "porque ha sido lanzado fuera el acusador de nuestros hermanos, el que los acusaba delante de nuestro Dios día y noche…Y ellos le han vencido por medio de la *sangre del Cordero* y de *la palabra del testimonio de ellos*". (Ap. 12:10-11).

¿Qué es la palabra de nuestro testimonio? Que somos incondicionalmente amados por Dios y si Dios nos amo tanto que nos salvo, ¿quiénes somos nosotros para discutir con Él? Yo creo que ya es tiempo que lavemos el cerebro de nuestros corazones o mejor sería decir, que es tiempo de que nosotros nos demos un lavado de cerebro que tanto necesitamos. Estamos a solo dieciocho pulgadas de nuestra victoria. Dale anímate, puede que sea solo una pinta a la vez, pero, puedes ser libre al derramar la vasija del temor, de sentimientos de vergüenza y de las inseguridades. Entre más profundo de nuestro ser confiamos en Dios, y crecemos en el conocimiento de Su amor, El Espíritu Santos nos posibilita a que entreguemos nuestro dolor más privado y nuestros sueños más íntimos.

¡El es nuestro defensor, no nuestro acusador!

Oremos

Vamos a pedirle a Dios hoy por la gracia de poder ver que Él es nuestro defensor. Has tu oración personal.

Espíritu Santo, revélame que tú eres mi defensor y no mi acusador. Mientras me revela esta verdad, por favor comienza a lavar mi corazón y elimina todo el residuo de mi pasado. Yo creo que mientras yo absorbo estas verdades profundas, mi corazón sanara, yo hare avances en mi vida y la distancia entre mi cabeza y mi corazón será definitivamente más corto. En el nombre de Jesús, amen.

CAPITULO 2 – NECESITAMOS UN LAVADO DE CEREBRO

Regresemos por un momento al encuentro científico que el corazón tiene su propio cerebro. Como ahora sabemos que el corazón tiene la habilidad de pensar, estar por deducir que el cerebro del corazón tiene un banco de memorias. Muchos años de memoria han sido depositados en el banco del cerebro de tu corazón. El cerebro en el corazón tiene una capacidad de recordar. Esto se evidencia en el hecho que algunas personas que reciben trasplante de corazón, comienza a antojarse de alimentos que nunca antes lo hacía y hasta tener sueños relacionado con la persona de quien lo recibió.[1]

El corazón es mucho más que un simple órgano que bombea sangre; también bombea memoria en nuestro diario vivir. Muchos años de información emocional están encerradas en el corazón y eso es lo que hace que sea difícil para creer en algo que es contrario a nuestras experiencias personales. Si en tu vida siempre te han dicho algo que no sea verdad, hay más probabilidades que vas a confiar en lo que te han dicho repetidamente. La repetición asegura de que tú te creas los recuerdos y las experiencias emocionales que fueron continuamente repetidas, que al fin, queden alojadas en el cerebro del corazón.

Con toda la información bíblica, ¿piensas que no solamente necesitamos una transformación de la mente, también necesitamos una renovación del corazón? Necesitamos ser limpiados desde arriba hacia abajo, dieciocho pulgadas de una limpieza completa. Es necesario que ambos cerebro sean lavados por la Palabra de Dios para que podamos estar sincronizados con su voluntad.

Yo creo que eso fue lo que le paso a los Israelitas que fueron a reconocer la tierra de Canaán en el libro de Números capitulo13. La gente de Dios recibió la palabra de Dios e iban a reconocer la Tierra Prometida. Este era el momento para que Israel brillara, pasarían a la historia. Los Israelitas estaban a punto de cumplir con su destino. La razón por la cual fueron sacados de Egipto fue para que fueran llevados a la Tierra Prometida. ¿No es esa también la razón por la cual Dios nos saco de la esclavitud de este mundo? ¡Para llevarnos a una nueva tierra!

Los Israelitas salieron de Egipto para tener entrada a la Tierra Prometida. Yo realmente creo que ellos estaban cansados de ser oprimidos y estaban listos de tomar este nuevo territorio. No había duda en sus mentes que tendrían victoria. Enviaron a sus escogidos, su "Navy Seal" de esos tiempos, los lideres, la cabeza de las tribus. Regresaron con frutas tan grandes que tenían que llevarlo sobre sus hombros. Esto era evidencia concreta de que lo que Dios había dicho era verdad. Ellos confirmaron que en la tierra si fluía leche y miel, y no hay ningún lugar donde dice que fueron perseguidos. Nadie en esa tierra tenía problemas con ellos. En realidad, la prostituta Rahab dijo; "Se que Jehová os ha dado esta tierra; porque el temor de vosotros ha caído sobre nosotros" (Jos. 2:9).

¡Increíble! Sus enemigos están prácticamente temblando en sus sandalias. Ellos también informaron que la tierra era fértil tal como Dios le había prometido. Pero regresaron con frutas en sus manos y temor en su corazón. Estaban tan envueltos en temor que estaban seguros de que Dios los estaba predisponiendo para que fracasaran. Reconocieron que las frutas eran grandes y la tierra fértil, pero dijeron que la gente eran más fuertes y la tierra era demasiado grande para conquistar. Ellos en esencia dijeron lo que muchas veces nosotros sentimos en nuestros corazones: "Nosotros no podemos cambiar nuestra cultura". "El gigante de la cultura es más grande que Dios". "No podremos mantenernos en pies, porque nuestro Dios no es un rival amenazante para esos gigantes". Luego declaran esas famosas palabras: "Éramos nosotros, a nuestro parecer, como langostas; y así les parecíamos a ellos" (Nm. 13:33). Veamos como la versión "New Century" lo pone: "Nos sentíamos como saltamontes, y a ellos le parecíamos saltamontes". ¿De dónde vienen estos sentimientos? De nuestras emociones, ¡nuestro corazón!

En mi opinión, la gente de Dios sufría de "saltamontitis" o como también le refirió como el "síndrome del saltamontes". El enemigo de los Israelitas no estaba en el exterior, estaba en su interior. No fueron los gigantes de la tierra que amenazaron con derrotarlos, fue el gigante de complejo de inferioridad y el de la poca dignidad y valor propio. Después de todo, ellos toda su vida eran los más débiles. No eran conquistadores, eran esclavos, lo más bajo del escalafón. Por tal razón, pensaríamos que el pasado de ellos, era su presente.

Junto al fruto que llevaban sobre sus hombros, también cargaban un gigantesco sentir de infructuosos. Estaba experimentando una lucha interior entre los dos cerebros. Hasta me puedo imaginar la batalla. Sus mentes estaban confirmando lo que Dios dijo, pero su corazón luchaba contra viento y marea para mantenerse firmes y estancados. Su sentido de derrota no tenía nada que ver con el viaje de ida y vuelta de quinientas millas que acababan de hacer. Tenía que ver con el viaje de dieciocho pulgadas que necesitaban aun hacer. La verdad que ellos conocían en sus cabezas, y lo que vieron con sus ojos no pudo superar a lo que sentían en sus corazones.

En realidad nuestro camino a las Tierra Prometida no es horizontal; es vertical. Un bajo concepto de Dios no solo destruirá todo el potencial que nos ha dado Dios, también destruirá una ciudad, que en cambio destruirá una nación. Antes de aventurarnos a cambiar la ciudad, tenemos que conquistar el territorio de nuestro corazón, que es el primer paso importante. Los Israelitas estaban a solo dieciocho pulgadas de su victoria, tan cerca pero tan lejos.

Es asombroso, que la manera en que nosotros nos vemos, es la manera en que pensamos que otros nos ven y la manera en que nos sentimos se convierte en nuestra realidad. Las cosas que pasamos en la vida, dan forma a la manera en que nosotros nos vemos y con frecuencia nos lleva a limitarnos. Esto es la razón que por la cual necesitamos que el cerebro de nuestros corazones sean lavados. Como ya le había comentados, nosotros necesitamos lavar nuestro cerebro para poder vernos como Dios nos ve y alcanzar nuestro potencial.

Yo conozco demasiado de bien este síndrome. Yo soy una experta diagnosticando esta plaga. Estaba yo infectada con esta temida enfermedad por mucho tiempo. Yo realmente pensaba que Dios me estaba predisponiendo a fracasar. Yo pensaba que si yo te gustaba era porque había algo mal contigo. ¿Cómo era posible que *yo* te gustara, a *ti*? Si ni yo misma me gustaba. Cada vez que salía a hablar en una conferencia, me fijaba en el uno que estaba durmiendo y no en los cientos que estaban despiertos. Me aseguraba montarme en el elevador con alguien a quien yo le acordara que mi voz sonaba como la de "Valerie Harper" el personaje de "Rhoda" en un programa de televisión llamado "The Mary Tyler Moore Show". En ocasiones llegaba un estudiante estudioso de la Biblia y me decía los datos que debía haber incluido en mi sermón.

En una ocasión alguien me dijo que yo exageraba la Palabra, que yo era una presumida y que soy muy alborotosa. En un momento dado, comentarios como esos me hubieran destruido. Por causa de la opinión que yo tenía de mi persona, mis fragilidades y vulnerabilidad se convirtieron en el blanco del enemigo. Sin duda los comentarios siempre venían de personas religiosas respetables. Personas como las del internado, mujeres que no habían vivido una vida de pecado como viví yo, ni habían hecho lo que yo hice. Esas mujeres se aseguraban dejarme saber que yo no era tan buena ni pura como ellas.

Yo me acuerdo cuando era una pequeña niña y fui a un solo campamento de verano. Tenía la más linda y amable consejera. La llamare Srta. B. Nunca olvidare su amabilidad hacia mí. Ella movía mi cama al lado de la de ella en las noches y se esforzaba para aumentar mi confianza. Pero por lo que ocurrió durante los veranos en el internado, no era fácil aceptar un derramamiento de tanto amor de la Srta. B. Siempre me preguntaba porque era tan amable conmigo. ¿Acaso iba a molestarme sexualmente también? ¿Me despertaría yo en su cama como había ocurrido en otras ocasiones en el internado?

Cada año, era una tradición en el campamento escoger la "Reina por un Día". Una reina era escogida de cada grupo. Yo tenía algunos cuatro o cinco años. Cada campista, de cada grupo, tenía que tomar una carta y la que escogiera la reina de corazones era la ganadora. Cuando la Srta. B., llego donde mi, ella permitió que la carta se viera parcialmente. Ella me miro y bajo su vista a las cartas. Repetidamente me seguía mirando y luego a la carta. Estaba prácticamente poniéndomela en la mano. La Srta. B. deseaba que yo fuera la Reina por un Día.

Pensamientos corrían por mi mente. Se me iba a dar una corona y una capa y podía comer mantecado y no el usual hígado o un jamón grasoso. También alguien limpiaría mi espacio en la cabina. Pero luego oía una voz que me gritaba; "Tu no merece ser Reina por un Día". Mi mente me decía una cosa, "Dale toma la carta, esta es tu gran oportunidad", pero mi *corazón* me confirmaba cual había sido mi realidad. Yo era la niña que no tenía una madre porque *Dios* pensaba que no merecía una. Si Dios pensaba así de mí y no quiso que tuviera una madre, ¿cómo sería posible que yo pesara que tenía la posibilidad de ser Reina por un Día?

Estuve de acuerdo con la voz adentro de mí, y escogí otra carta. Era más fácil vivir de la manera que estaba acostumbrada y no convertirme en otra persona, una persona importante. Creo que vi una lágrima caer del ojo de la Srta. B. No había pensado en esa historia por muchos años, pero un día mientras hablaba en una conferencia, el Espíritu Santo me lo trajo a mi mente. Mientras yo narraba este evento, una mujer se levanto de su asiento y camino por la fila, interrumpió la reunión y me entrego una carta. ¡Era la carta de reina de corazones! ¡Yo estaba anonadada, completamente asombrada!

La mujer dijo que cuando salía de su casa para ir a la conferencia, el Espíritu Santo le dijo a ella que regresara a buscar una carta de la reina de corazones de su caja de cartas que tenía en su casa. Ella dijo, "¿Qué? Vamos Dios eso es algo raro". Pero era tan fuerte la impresión que no lo pudo ignorar. Cuando ella me entrego la carta al frente de todas esas personas en la Iglesia en Carolina del Norte, caí sobre mis rodillas y lloré. El hecho de que Dios se acordara de la confusión que yo sufrí ese día y lo confirmara delante de esas mujeres fue un difícil concepto para yo comprender.

A mi me han ocurrido cosas maravillosas atraves de los años, cosas maravillosas que solo Dios lo podía lograr. Yo creo que vemos a muchas personas que toman el micrófono y se paran sobre una tarima y lo hacen totalmente por fe, los sentimiento no tienen nada que ver. Yo estuve en "100 Huntley Street" un programa de televisión cristiana en Canadá, y el maquillista dijo; "Yo nunca he visto a alguien tan nerviosa como tu". Yo le explique que deseaba irme corriendo de ese lugar. Yo no quería estar en la televisión. Yo no quería que las personas fijaran su mirada en mí y posiblemente me destrocen pedazo a pedazo. Luego llego el tiempo para yo salir al programa. Me sentaron sobre un hermoso sillón y el guapísimo anfitrión comenzó a entrevistarme. El Espíritu Santo se manifestó en una manera increíble, que mientras salía del programa, el anfitrión me dijo, ¡El

Espíritu Santo esta en este lugar; el Espíritu Santo esta en este lugar! Los teléfonos del canal de televisión no dejaban de sonar. El anfitrión me hizo seña de que regresara al programa. Cancelaron al próximo invitado que iban a entrevistar y continuaron hablando conmigo. Ellos me decían, que eso no había ocurrido nunca antes en la historia del programa.

Yo he sido invitada a hablar en denominaciones donde nunca le ha permitido a una mujer hablarle a los hombres, Dios ha hecho cosas realmente extraordinarias. He llegado a darme cuenta que aunque cosas maravillosas le pasan a uno, no te cambiara. ¡El cambio tiene que ocurrir desde adentro de ti! Aunque Dios me abrió estas puertas increíbles del ministerio a las que entre cuidadosamente, aun así necesitaba una limpieza profunda para cambiar como yo me veo a mi misma en mi corazón.

La Mentalidad De Un Saltamontes

Yo hice una pequeña investigación sobre los saltamontes en la enciclopedia. Es extraordinario como no hay una palabra en la Escrituras que fue puesta por casualidad. El simbolismo es extraordinario. Permítame compartir unos hechos sobre los saltamontes a ver si pueden fijarse en los paralelos que yo veo:

1. Los saltamontes viajan juntos en una gran cantidad con otros saltamontes pero no tiene absolutamente ningún propósito. Los científicos están desconcertados por su mera existencia. Pueden ocultar la luz y el sol, porque viajan en cantidades tan numerosas.
2. Los saltamontes son destructivos; ellos hacen estragos en la tierra sin reponerla, ni contribuir en manera alguna.
3. Los saltamontes tiene un hábito inusual de comerse el uno al otro en vez de comer otros insectos. En otras palabras, se comen a su propia especie.
4. Los saltamontes son el principal blanco o presa, de otros insectos y reptiles.
5. Cuando son atacados, en vez de pelear y protegerse usando su fuerte quijada para morder, o usar la habilidad de brincar para subirse a un lugar más alto, usualmente exhiben ningún movimiento. Se ajustan con su ambiente y se quedan paralizado de miedo. [2]

¿Puedes ver la tipología en esto? Somos relativamente inútiles y sin propósito, cuando tenemos una mentalidad de saltamontes. Viajamos en grande cantidades pero no tenemos realmente ningún efecto en nuestro mundo, con la excepción de hacer estragos en los lugares que visitamos en vez de reponer los lugares que visitamos. En ocasiones ocultamos al Hijo y ocultamos la luz de la presencia de Dios. Tenemos la tendencia de morder y devorarnos los unos a otros en vez de atacar el verdadero enemigo. Cuando somos atacados, nos fundimos en la situación o no hacemos nada, en vez de brincar a lugares más altos usando la Palabra de Dios para contraatacar las mentiras del enemigo.

Pero, de toda las características del saltamontes, esta si te sorprenderá. Todo tipo de mosca asquerosa, llenas de bacterias, depositan sus huevos y luego nacen en las espaldas del saltamontes. Mientras las pequeñas moscas van devorando el pequeño cascaron del huevo, en el proceso también se van consumiendo al saltamontes. El saltamontes solo se queda quieto y permite que esto ocurra.[3] No es eso parecido a nuestro enemigo Satanás, que siembra mentiras a nuestras espaldas y crecen hasta consumirnos y peor aún, ¡permitimos que ocurra!

Yo tuve una revelación increíble un día. Compre mi hogar en el año 1978. Era una buen y solida estructura, pero siempre había una situación crónica; había un gotero que caía en mi cuarto de comedor, que venía de la ducha de baño que está en el piso de arriba. Por años muchos expertos me decían como arreglar el problema. "Es la lechada," me decían, por lo tanto, remplazamos la lechada. Por un tiempo parecía haberse resuelto el problema, pero eventualmente la mancha de agua reaparecía. "Son las llaves de los grifos", nos dijeron, fuimos y compramos las nuevas llaves. Por un tiempo, de nuevo parecía ser la respuesta, pero luego de un tiempo volvió aparece la mancha de agua en el techo. "Son los azulejos" nos dijeron. "Es un forro impermeable que va como base debajo la ducha". En conformidad con los consejos de los expertos, romper todo los azulejos nuevos e instalamos un nuevo forro debajo de la ducha. De nuevo salió la mancha de agua. "No tiene el declive correcto en la ducha", nos dijeron.

Tuvimos que romper el piso de la ducha otra vez para hacer el ajuste y ponerlo en el ángulo perfecto. *¡Uf!* Mientras tanto, durante todo este tiempo, en mi cuarto de comedor se estaba continuamente reparando, raspando y pintando el techo sin ningún éxito.

Heredamos un dinero, pues decidimos remodelar por complete el baño. *¡Por fin!* Esto sería la solución de nuestro crónico problema. Contratamos un contratista para que dibujara los nuevos planos para el baño. Estos involucraban remover la bañera (tina) y remplazarla con una ducha (regadera) de nuestros sueños. La inmensa ducha venia equipada con los diferentes accesorios para la ducha. Era como casi estar en un parque acuático. Nuestro problema definitivamente estaba resuelto. Luego un día mientras caminaba por mi cuarto de comedor, de casualidad mire al techo y he aquí la indeseable mancha había regresado. *¡No!* No puede ser. *¡Imposible!* ¿Cómo era posible que esto volviera a ocurrir?

De inmediato llame a los que me remoldaron el baño y me aconsejaron que llamara la compañía "Roto-Rooter" (compañía que se dedican a drenaje de tubería). Tienen una popular rima que dice ¡Todos tus problemas se van por el drenaje! Utilizaron un equipo que es específicamente para destapar las tuberías de drenaje. "Dama, esto ya debe resolver su problema", mientras que por el costo, el dinero de mi ahorros se fueron también por la tubería. Pero, el plomero antes de irse me dio un consejo. El me dijo, "baje la presión de agua de su ducha, pero realmente no deben usar todos los accesorios de la ducha a la vez". Ahora cuando nos íbamos a duchar, nos tomaba una hora solo para poder mojarnos. Cuando estaba alguien en la ducha le preguntábamos "¿ya estas mojado?" Estábamos dispuestos hacer lo necesario para resolver nuestro continuó problema.

Pasaron unos meses… si ya lo adivinaste, no solo tenía una mancha en el techo del cuarto de comedor, ¡también goteaba agua! Caía tanta agua que provoco que se desprendiera parte del techo. La compañía de plomería envió a Hans el plomero. En esta ocasión Hans recomendó que en vez de trabajar de arriba hacia abajo se hiciera lo contrario y el trabajaría de abajo hacia arriba. El removió lo que quedaba del techo de cuarto de comedor, quedando totalmente expuesto toda la tubería. Fue en ese momento que capte algo que cambiaria todo. La tubería nueva de la ducha estaba conectada a la tubería vieja de la casa. El agua corría con facilidad en la tubería nueva pero cuando llegaba a la tubería vieja no era este el caso. Por lo tanto se obstruía el fluir del agua, que en cambio provocaba una filtración de agua. Resulta ser que la tubería vieja tenía acumulación de residuo y sedimentado, que estaba obstruyendo su función. Reconocí que sería un problema recurrente si no se limpiaba totalmente toda la vieja tubería. Nunca fue la lechada, ni la base de la ducha, ni las llaves del grifo. El problema era la *tubería vieja*! ¡Qué revelación recibí yo ese día!

Entiendan que cuando nacemos de nuevo, se nos da una nueva vida, o sea, nueva tubería. ¿Acaso no dijo Dios, "Os daré corazón nuevo, y pondré espíritu nuevo dentro de vosotros" (Ez. 36:26)? En el versículo 25, a solo un versículo antes, Dios nos explica cómo será este proceso. El dice que será hecho esparciendo sobre vosotros agua limpia (sabemos que esa agua limpia simboliza Su Palabra que nos limpia totalmente). Luego El declara diciendo, "y seréis limpiado de toda inmundicias; de todo vuestros ídolos", y cuando El lo haga, tu estarás limpio (v 25).

Dios promete limpiarnos. Su Palabra puede invadir toda la acumulación de residuo y sedimentado de nuestro pasado. Cuando permitimos que su Palabra invada nuestro corazón, se removerá todo los desperdicios. La manera en que este proceso es más efectivo, es viviendo bajo esa continua y gloriosa fuente dadora de vida. La vida es el vivir debajo de su rocío efervescente, viviendo y sumergiéndonos en las profundidades de la Palabra de Dios, permitiéndole que nos limpie a nosotros en todas las áreas de nuestra vida. Debemos comprender que es de beneficio para

15

nosotros "profundizar en la Palabra", de modo que la Palabra pueda "entrar en cada parte de nosotros". La "hada madrina" de la Palabra que no existe, (hubo un tiempo que llegue a desear que existiera tal creatura,) ella no va a rociar sobre nosotros Palabra mágica mientras vivimos una vida de impurezas y contaminación de este mundo.

Hasta aquí vamos bien. ¿Pero qué ocurre cuando esa agua purificadora que nos limpia se encuentra con oposición, ejemplo; el lodo y sedimento de las cosas viejas? ¿Se encuentra con una pared impenetrable de cemento que reíste la Palabra de Dios? ¿Qué ocurre cuando el rocío efervescente no llega? El corazón de nuestro cerebro, que está conectado a nuestra antigua manera de pensar, ha sido el jefe siempre. ¡Es en ese lugar que esta la pared impenetrable que obstruye el llegar a nuestra libertad! Nuestras emociones han tenido el control todos estos años y no le gusta esta conexión nueva, porque significa que tendremos que hacer cambios de nuestra parte.

Por lo tanto cuando mi nueva "tubería" declara, *"Todo* lo puedo en Cristo que me fortalece" (ver Fil. 4:13), mi vieja "tubería" dice ¿*En serio que te lo crees,* pues no lo creas? La antigua María no cree que le guste todo lo que tenga que ver con fe. La vieja María, realmente no cree en la nueva información, por lo menos no en la profundidad de su corazón. En lo más profundo, La vieja María, teme confiar en el Señor con *todo su* corazón. Ella está acostumbrada a confiar en su propia prudencia. (ver Pr. 3:5) Pero ahora la Palabra de Dios le está diciendo que vaya en dirección contraria y que *no confíe en su propia prudencia* pero que *lo reconozca en todo sus caminos* – todo significa todo – ¡*reconocerlo a Él* (Pr. 3:6)!

Ella tiene temor de confiar totalmente. ¿Qué pasara si ella falla o fracasa? El confiar en Dios en vez de confiar en mi propia prudencia, significa que tendría que bajar la guardia y renunciar a todo el poder. Pero a ella le gusta mantener el control. Aunque se siente más segura así, es solo el comienzo de una lucha que le sobrevendrá y que será inevitable. Desafortunadamente muchos de nosotros preferimos lijar, pintar y ponerle barniz para cubrir nuestras situaciones múltiples veces. En realidad si las "tuberías" viejas no son limpiadas a fondo y mantenida acorde con la Palabra de Dios, la revelación que Dios añora darnos por medio de Su Palabra se echara a perder. Seguiremos dándole vueltas a la misma montaña peleando con los mismos viejos enemigos.

¿Quién Realmente Eres Tu?

¿Quién eres tú y en que estas pensando? Lo que pienses en tu corazón es quien realmente eres tú. Por eso es que el cerebro en el corazón, junto al cerebro de la cabeza, necesita una continua limpieza espiritual. ¡Una limpieza de dieciocho pulgadas de lavado de cerebro de arriba hacia abajo y de abajo hacia arriba! En Colosenses 3:16 la Biblia dice, "La palabra de Cristo... habite en abundancia en vosotros" (rv 1995). La Palabra de Dios debe estar rampante por todas las aberturas y grietas de nuestra "casa" que es en nuestro interior. ¡No se debe de ninguna forma querer sacar la Palabra de Cristo de mi casa! Literalmente haría un mundo de diferencia si le permitimos que el agua de la Palabra de Dios nos penetre en lo más profundo y renueve esos lugares difíciles. Hasta que podamos decir con fe, ¡Si, absolutamente, sin la más mínima duda, Todo lo puedo en Cristo que me fortalece... y esto es porque yo estoy en Cristo y El está en mi!

Tal y como las olas del mar continuamente dan contra las rocas y suavizan las áreas ásperas, también debes dejar que se inunde tu cerebro de tu cabeza y el cerebro del corazón con las promesas de Dios hasta atravesar y hacer una penetración completa. Tienes que meditar en la perfecta y pura palabra de Dios. Que la meditación de mi *corazón* sea de agrado para El (ver Sal. 19:14). Mientras que continuamente meditamos en El, Sus pensamientos transformaran nuestros pensamientos que al fin producirá los pensamientos correctos en nosotros.

Su Palabra, es básicamente Sus pensamientos en papel, donde *tenemos* que ganar la batalla y derivar el defensor de los pensamientos proposicional. La Palabra, que tiene la fuerza de un martillo, tiene que continuamente dar en contra de los lugares rocosos, eliminando todas algas, áreas ásperas y lugares con espinas triturando la manera en que el cerebro de nuestro corazón está acostumbrado a pensar. Mientras la Palabra de Dios va lavando con su agua hasta ablandarnos, de manera que sea menos resistente en esos lugares duros. Sera entonces que el Señor escribirá en nuestro corazón lo que El realmente piensa de nosotros. Nosotros tenemos que pedirle a Dios que nos de la gracia para mantenernos en las promesas y mantenernos para que no ocurra un acumulación de residuo y sedimentad que provoque que no estanquemos.

Deseo concluir este capítulo con una historia media jocosa. Hace muchos años cuando comenzamos "Christ Tabernacle", una mujer que había sido salva en nuestra iglesia, pidió reunirse conmigo. Me percate que en los pasados meses ella había cambiado su manera de vestir radicalmente. Ella fue de vestir muy a la moda a vestirse monótono. Ella utilizaba maquillaje y cortaba su cabello en lindos estilos y ahora se presentaba muy sencilla. Cuando comenzó la reunión ella me dijo que nuestra iglesia era buena para principiantes, pero que ella necesitaba algo más profundo de

Dios. Ella había conseguido una iglesia donde se le daría ese tipo de enseñanzas. Ella necesitaba un iglesia que despojaba a la carne de cualquier oportunidad de verse atractiva.

Mi corazón se deshacía. ¿Más profunda? ¿Qué quiera decir ella por más profunda? Ella se fue de nuestra iglesia, pero esas palabras jamás las olvide. Esto era solo otra indirecta que nos recordaba que no éramos aceptables. Todos los fines de semanas le preguntaba a mi esposo, ¿De qué vas hablar? ¡Y Dios lo libre que el tema fuera amor! ¿Amor? Yo le decía, ¿No puedes tu hablar de algo más profundo que el amor? Aunque la Biblia dice que no hay un mandamiento más grande que "nos amemos lo unos a los otros"… Pero ¿Qué sabe la Biblia? (Esto es bromeando, por supuesto.)

Muchos años pasaron sin ver a esa mujer, pero no lo dudes, para mí es como si ella estuviera sentada al lado mío cada domingo. Yo juzgaba cada sermón por su comentario. ¿Era profundo el mensaje? Un domingo después del culto mi esposo y yo fuimos a un restaurante. Adivinen ¿quién llego a cenar? Si, lo adivinaste, la Srta. Más Profundo. Observe en la distancia que ella se veía diferente. Se veía bien linda. Como así Dios le plació, el mesero la ubico en la mesas al lado de nosotros, junto a su acompañante. Ella rápidamente nos saludo, pero su novio fue directo al uso de un baño. En cuanto el se fue, ella se voltio hacia nosotros y nos dijo rápidamente, "por favor no menciones nada de la iglesia porque él no es cristiano y a mi realmente me gusta mucho".

Mientras yo deseaba en mi interior tomar mi plato de comida y ponérselo de sombrero, suavemente por supuesto, sobre la cabeza de la Srta. Más Profundo. ¡Yo pensé "yo no puedo creer que sus palabras me marcaron por todos esto años y ella ni le está sirviendo mas al Señor! No puedo creer que yo le di tanto poder a las opiniones de la gente sobre mi vida. No puedo creer que permití que otras personas me definan a mí. ¡Yo no puedo creer que le creí a las opiniones de otros sobre la opinión de la Palabra de Dios!

¿Y tú? ¿Qué cosas te ha detenido? ¿Qué cosas del pasado están aun presente contigo? ¿Qué está provocando que no puedas ver el plan de Dios para tu vida? En Efesios 1:18 el apóstol Pablo oro esta profunda oración de revelación: "que el alumbre los ojos de vuestro entendimiento, para que sepáis cual es la esperanza a que el os ha llamado". ¡*Wow*! Tu corazón no solo tiene un cerebro, también tiene ojos, ojos que necesitan ser alumbrados para poder ver la esperanza a la cual fuiste llamado. No es suficiente que nuestro ojo natural sea abierto. Los "ojos" de nuestro corazón también tienen que ser abierto.

Pablo continua orando en los versos 19 al 22 que conoceríamos (en nuestro corazón) "la grandeza de su poder para con nosotros los que creemos". (¿Podemos ver ahora porque el enemigo quiere evitar que los creyentes crean?) El continua diciendo, "Según la acción de su fuerza poderosa, esta fuerza operó en Cristo, resucitándolo de los muertos y sentándolo a su derecha en los lugares celestiales, sobre todo principado y autoridad, poder y señorío, y sobre todo nombre que no se nombra, no solo en este siglo, sino también en el venidero. Y sometió todas las cosas debajo de sus pies".

Increíblemente esto hace sentido. Esto hace aun más claro el porqué la gente de Dios han sido tan lentos en entender no solo la esperanza que le pertenece sino que también el poder incomparable que le pertenece a aquellos que le pertenecemos a Él. Tenemos que orarle diciendo

¡Abre mis ojos de mi corazón, Cristo… yo necesito verte! ¡Es importante que los ojos de nuestro corazón lo vea a El enaltecido y en todo su grandeza!

Oremos

Espíritu Santo, por favor abre los ojos de mi corazón para que yo pueda adquirir el entendimiento y una profunda percepción para saber quién eres Tu y quien yo soy en Ti. Limpia mi corazón con Tu Palabra, de todas las opiniones negativas que yo he permitido que me definan en mi pasado. Permite que Tu Palabra tome el control de toda mi casa. Te agradezco que me hayas escogido a mí para ascender desde el cimiento de la tierra. Gracia porque yo puedo realmente amarte a Ti porque tú me amaste a mi primero. Gracias porque ya estoy en camino a mi victoria por el poder que vive en mi. En el nombre de Jesús, amen.

CAPITULO 3 – CENIZAS, CENIZAS

Imagínate que esta de compra en una tienda de gastronomías (gourmet) a otra tienda de gastronomías, comprando los ingredientes más exquisitos con la única expectativa: hacerle a esa persona especial una suculenta cena. *¡Riquísimo!* Procedes a sacar el libro de recetas y sigues las instrucciones tal y como indicadas. Rebanas y picas todos los ingredientes y lo vas a poner en el molde que utilizaras, pero hay un pequeño problema. El molde está cubierto con las cenizas de la última receta que preparaste. Ya a este punto no importa cuánto tiempo estuviste de compra, ni si los ingredientes son orgánicos y que la preparación fue tediosa. No importaría si la receta que estás haciendo fue la receta favorita de Oprah (personaje reconocido de la televisión). La cena se echaría a perder, un desastre total, con todas esas cenizas pegadas a toda tu nueva receta.

El libro de Levítico era el libro sagrado de las recetas del cielo. Lleno de diferentes maneras de preparar todo tipo de alimentos de adoración para diferentes estaciones del año. Habían diferentes requisitos, o "recetas" para cada día festivo o día de expiación o día de aflicción. Era parecido a un libro de recetas tradicionales de familias. Era claro que había diferentes comidas para diferentes días festivos.

En la familia de mi esposo, cuando era el día antes de Navidad conocido como Noche Buena, no se servía ninguna clase de carne. De haber carne en este día se ofendería todos los presentes y las festividades. ¡De ninguna manera! El pescado era lo aceptable. ¡Todo el pescado y nada más que pescado! Abundaban los diferentes tipos de mariscos. Por ejemplo había camarones preparados al ajillo, en combinación, y fritos con empanados. Calamares, preparados en ensalada o frito, con salsa y sin salsa. Pasta de "linguini" con salsa roja o blanca de almejas. Alguien también se daba a la tarea de preparar bolitas de arroz, rollitos de espinaca y "zeppole" (un postre hecho de harina frita) con azúcar en polvo *(¡delicioso!)*. ¡Pero nunca había carne roja ni carne de ave!

El día de Navidad, todo cambiaba. Diferentes recetas para días diferentes y nunca se podía mezclar. El día de Navidad abuela preparaba su salsa de carne, esto ocurría solo una vez al año. Tenía que estar sobre la estufa en fuego lento por seis horas. Incluía una variedad de carnes, que tenían que ser echados en una gran olla a diferentes tiempos. El "braciole", que es un pedazo de carne de vaca, relleno de queso y "parsley", y las costillas de cerdo se echaban primero. Tenían que ablandarse hasta salirse del hueso. Horas después se echaba las longanizas y por último las albóndigas. Esta melodía aromática de carnes se cocinaban por horas en un olla grande llena de ajo, aceite, cebollas y salsa de tomate sazonada a la perfección.

Nunca se podía quedar una de esas carnes de la receta. De hecho, nunca dejarías uno de esos ingredientes, porque si ocurría, los ancianos de la familia se vestirían de hábito de penitencia y se pondrían cenizas y gritarían con todas sus fuerzas, ¡Mama Mía! Ellos te juzgarían por no hacer la salsa de carne, aunque solo le faltara un ingrediente. Y sin esa salsa de carne no sería Navidad.

No importaba cuan tan extraordinario quedara la festividades de Navidad, todo estaban ya anhelando la llegada de Semana Santa, que estaba ya cerca. No habría albóndigas en Domingo de Gloria. Eso sería un sacrilegio. Pero no faltaría la pata de cordero. Y había un código diferente para los alimentos que se prepararían luego de una ceremonia de un funeral. En ese caso sería una seria de platos de entremeses. Esto incluía jamones, variedad de quesos y diferentes clases de panes, con y sin semillas, integral y de harina blanca, de corteza dura y blandita. ¡Diferentes requisitos para diferentes ocasiones!

La receta tradicional para la adoración de la que se habla en el Libro de Levítico tenía que seguirse a la perfección, de acuerdo al código del cielo. ¡Sin atajos! Por supuesto, nosotros ya no hacemos ofrenda por nuestros pecados porque Jesús murió una vez y para todos nuestros pecados. Ya no tenemos Ofrenda de Paz, también conocida como Ofrenda de Compañerismo. La Ofrenda de Compañerismo era un símbolo de la paz existente entre el creyente y Jehová a causa de la expiación. Pero ya no hacemos esto porque podemos tener compañerismo con el Señor en cualquier momento y en todo tiempo. Pero, hay una ofrenda que tiene tantas tipologías que pueden ser aplicados aun a nuestro diario vivir, y es la ofrenda quemada (o consumida). En Levítico 6:8-13 podemos ver una receta para los sacerdotes, que deseaban estar delante de la presencia del Señor, con la única razón de tener tiempos asolas con Dios. Esta ofrenda era para la adoración pura y la intimidad y la receta explicaba la manera correcta de entrar en Su presencia.

La ofrenda quemada era un anuncio de Jesucristo, el cordero de Dios que fue inmolado para que pudiéramos tener compañerismo o intimidad con Dios. Aunque el Cordero fue inmolado, la ofrenda quemada no ha sido eliminada por completo, ahora se hace de una manera diferente. Como creyentes en Jesús somos también sacerdotes del Señor (1 Pedro 2:5, Apocalipsis 1:6; 5:10), y nuestras vidas deben ser para ofrecer sacrificios a Dios, santo y agradable a El (Romanos 12:1). Significa el sacrificio ahora está vivo y la muerte de nosotros los sacerdotes, es para nuestra carne y nuestra voluntad, que es en absoluto, continuamente y a diario.

La ofrenda quemada ere diferente a cualquier otra ofrenda o deber sacerdotal. Todas las otras ofrendas fueron hechas por la gente y hecha para otros. Por ejemplo el sacerdote hacia la ofrenda del grano para que la gente pudieran tener un compañerismo o intimidad con Dios. La ofrenda del pecado simbolizaba la expiación y era ofrecida para que las personas fueran aceptadas en la presencia de Dios. Pero, la ofrenda consumida era para Dios y solo para Dios, la ofrenda que el sacerdote hacia departe de el mismo. La Biblia dice que esta ofrenda en particular era un dulce olor del aroma de Dios. La fragancia de esta ofrenda llegaba hasta las fosas nasales de Dios. Siempre que el sacerdote ofrecía la ofrenda consumida, era como si se le enviara un llamado de auxilio (SOS) hacia el cielo, y lo que Dios veía era: *¡Ellos me aman a Mí! ¡Ellos me necesitan a Mí!*

Esta ofrenda es parecida a nuestro tiempo de devoción en la mañana y en la tarde, un tiempo separado e interrumpido para derramar nuestros corazones delante de Dios. El Señor ama cuando tomamos tiempo de nuestras agendas ocupadas para solo amarlo a Él y le preguntemos lo que El piensa que debemos o no debemos hacer. El ama cuando lo honramos a El y leemos Su Palabra, que es básicamente el corazón de Dios dándonos las instrucciones en cómo debemos vivir nuestra vida. Cuando tomamos tiempo para pasarlo con Dios es como si le enviáramos una carta de amor. Le estamos diciendo, ¡Yo valoro Tu opinión, porque Tu pensamiento es más alto que mis pensamientos!

Debe entender esto; todo lo otro que hacia el sacerdote era para otra persona y el sacerdote sí que tenía una agenda atareada y un sinnúmero de responsabilidades importantes. ¿Pero que de sus almas? ¿Qué pasa con la condición de sus corazones? Estoy segura de que ellos tenían bastantes personas molestosas en su congregación que era difícil trabajar con ellos. Estoy segura que había pecado en el campamento. ¡Pero también estoy segura que ese tiempo que pasaban con Dios, era un tiempo muy necesitado para subyugar su carne, permitiéndole que el fuego del espíritu se encendiera!

Sencillamente, aunque ellos eran sacerdotes, ellos no eran perfectos. ¡Aunque eran hombres de Dios, no eran Dios! Ellos eran seres humanos, que se comportaban como humanos. Ellos necesitaban su propio tiempo con Dios, porque ellos también tenían sus propias situaciones, agobio y de que arrepentirse. Ellos lidiaban con sus propios temores y fracasos. Sabiendo esto, Dios estableció esta ofrenda, porque El deseaba que los sacerdotes también tuvieran un tiempo donde ellos podían derramar y desaguarse delante de Él. De acuerdo a esto, el requisito de esta ofrenda parece ser que era exactamente lo que Dios deseaba. ¡Él quería que ellos fueran auténticos, que se desaguaran, sin tener nada oculto! ¡También esta ofrenda le permitía a Dios pasar tiempos con ellos, algo que a Él le agradaba mucho!

Piensa en esto. ¿Somos nosotros diferentes? La mayoría de las cosas que hacemos en nuestra vida es para otras personas y realmente no podemos continuar ayudando a otros a menos que tengamos un tiempo asolas en la presencia de Dios, tiempo en la lectura de su Palabra y en oración. Todos nosotros igual que los sacerdotes, tenemos nuestros problemas, nuestras cargas y pecados. Gracias a Dios que no tenemos que conseguir un cordero, degollarlo, sacarle los órganos interiores, lavar los órganos, cortarle la cabeza y patas, remover la grasa, luego ponerlo perfectamente sobre el fuego, esperar que las ceniza se enfríen, cambiar nuestra ropa para ir a a botar las ceniza en otra montañita de cenizas, regresar al campamento, volver a ponernos los vestimentas sacerdotal y comenzar toda esta rutina de nuevo. ¡Gracia Jesús porque nosotros no tenemos que hacer eso en estos tiempos!

Pero si tenemos que venir a El vulnerable y sin nada oculto. Nosotros necesitamos sacar lo que tenemos en nuestro interior y permitirle que El lo limpie. Necesitamos consagrarle a Él todos los días, nuestros ojos, oídos, boca y piernas, de modo que El pueda dirigirnos en nuestro camino. ¡Esto significa también que tenemos que ponernos en la línea de fuego, para que Dios nos pueda consumir a nosotros y a nuestros problemas y situaciones!

Esto no es en ninguna manera siguiendo la ley y no la gracia. Esto no es una firme ni ritual legalista. ¡Esto es como hacer la receta de salsa de carne de abuela, una receta que ha sido hecha, probada con éxito! En realidad si quieres la mejor salsa de carne, o una gran vida de adoración, no puede dejársele solo a la suerte. ¡No! ¡Debes seguir la receta de los expertos y será seguro que el éxito llegara!

Si yo puedo encapsular este estilo de vida, seria básicamente esto: para que pueda ocurrir una declaración pública, primero tienen que ver una conversación privada. ¿Cómo podemos hablarles a otros de Dios si no hablamos con el primero? Posiblemente podamos resolver con el sabor que le quede de las cenizas en el molde, pero finalmente todo lo que tragarían seria cenizas. Cuando Dios estableció esta ofrenda, El básicamente está diciendo, "pasa tiempo conmigo y entrégate de lleno, saca todo y derrámate por completo delante de mí". "Comparte conmigo todos tus pecados y yo los tomare y te limpiare, cada área, Yo solucionare tu problema y en el proceso quedaras purificado".

Quiero añadir que el fuego en el altar también era diferente. Dios mismo encendía el fuego (Lv. 9:24) pero era responsabilidad del sacerdote de mantenerlo encendido como está escrito en Levítico 6:12. Este versículo claramente dice que el fuego encendido en el altar *tiene* que mantenerse ardiendo. *No se puede apagar* y *nosotros* somos los que velaremos que se mantenga encendido. Tiene que mantenerse encendido de mañana y de noche. Esto era conocido como el sacrificio de mañana y atardecer (Éx. 29:39 y Lv. 6:8-13). El fuego tiene que mantenerse ardiendo porque un altar sin fuego no agrada a Dios. Cuando Israel recayó, ellos mantuvieron muchas de sus ceremonias, pero en la Escrituras ya no vemos que continuaron presentando la ofrenda quemada. Esto es igual a nosotros.

Cuando el fuego del altar de nuestros corazones se enfría, lo primero en irse es la intimidad, nuestro tiempo asolas con Dios, pero continuamos con nuestros deberes como cristianos. Nos ponemos cada día más duro, estancado y dejamos de ser eficaces. (ver Mateo 5:13-16)

Debemos Aplicar Esto A Nuestras Vidas Hoy

Estos fueron los requisitos para la ofrenda quemada descrita en Éxodos 29 y en Levítico 1:

- Tenían que tomar un cordero vivo, no podían ser un sacrificio muerto.
- El cordero tenía que ser sin manchas y sin defectos.
- La piel tenía que ser desprendida.
- Se tenía que degollar el cuello.
- Se tenían que remover los órganos y cada uno tenían que ser lavados minuciosamente, y completamente hasta quedar limpias.
- Se le tenía que cortar o remover la cabeza.
- Se le tenía que cortar sus patas.
- La grasa tenía que ser removida.
- Cada pedazo del cordero tenía que estar acomodado sobre el altar de fuego que estaba al frente y el centro.

Cuando la ofrenda fue consumida y aceptada, los sacerdotes eran los que tenían que sacar las cenizas fuera del campamento. Sabemos que la ofrenda consumida o quemada es simbólica a que nosotros debemos entregarle nuestras vidas en adoración diariamente a Dios. Veamos cómo este proceso complicado aplica a nuestras vidas.

Lo que nosotros le ofrezcamos a Dios, tienen que estar vivo.

Los sacrificios muertos no eran aceptados en esos tiempos, ni tampoco son aceptables de nosotros en el presente. Romanos 12:1 dice que somos *sacrificios vivos* y no muertos. ¿No lo puedes ver? ¡*Nosotros* somos la ofrenda del Nuevo Testamento que Dios quiere consumir! ¡Por lo tanto, la vida que le ofrecemos a Dios tiene que ser vibrante, llena de pasión y el fuego *no se puede apagar*!

¡Uno no se prende como un interruptor de luz el domingo y se apaga los lunes! Dondequiera que estemos y en todo lo que hagamos, tenemos que producir fruto que alimenta la vida. Esto es lo que separa la real cristiandad de las otras organizaciones religiosas. (Por cierto, "religión organizada" es la antítesis de lo que se supone sea la cristiandad. Pareciera que es más como un caos organizado. ¡El Espíritu Santo llega y altera las vidas para provocar que la vida de otros sea arreglada!) Nuestra vida espiritual no puede ser puesta dentro de una caja. No debe ser dividida por categorías. Nuestra actitud nunca debe ser, "Este es el tiempo que le toca a Dios y este es el que me toca a mí". ¡Ni lo pienses! ¡*Todo* el tiempo es de El!

Nosotros llamamos la cristiandad una religión, pero la vida del cristiano realmente no es sobre las reglas ni las reglamentaciones de una denominación. Esto es *sobre* la vida. ¡La vida que vivimos cada mañana y cada noche! Nuestras vidas deben estar enviando señales para auxilio (SOS) a Dios continuamente, una aroma de fragancia agradable. ¡Todo lo que hacemos y decimos, debe en fin decir, "yo te amo, yo te necesito y gracias por salvarme"!

Para hacer esto, nuestras vidas tienen que ser "acomodada sobre el fuego". Mi peluquera me dijo un día que ella conocía a los que llegaban de nuestra iglesia. No era porque cargaban una Biblia grande, ni porque le predicaban de la Palabra cada vez que la veían. Era porque sus vidas eran como las epístolas (cartas abiertas), y ella podía leer su comportamiento. Su amabilidad era evidente. Ella decía que en cuanto se sentaban en la silla para ella atenderlos, ella podía sentir vida. Ella es ahora mi amiga y mi hermana en Cristo.

También tenía otra amiga de nombre Claire. Ella era una jovencita que era amiga de otra joven que vivía cerca de nosotros. Cuando coincidíamos en estar afuera de la casa a la misma vez, Claire y yo teníamos una breve conversación. Un día cuando llegue a mi casa, encontré a Claire sentada en la entrada de mi casa. Al salir de me automóvil le pregunte si ella se encontraba bien. Ella me contesto que deseaba hablar conmigo. La invite a que entrara a mi hogar. Sus palabras exactas fueron, "Hay algo diferente en ti y en su familia". ¿Qué es? Yo le conteste que era Jesús. "Él es quien hace toda la diferencia en nuestras vidas". Esa joven católica irlandesa recibió a Cristo, y en cambio también lo hizo muchos de sus otros miembros de su familia.

Nuestro sacrificio tiene que ser de apariencia santa.

Nuestro sacrificio viviente tiene que ser sin mancha en nuestro exterior. Esto significa que nuestro comportamiento tiene que ser digno del evangelio que representamos. Somos embajadores de Cristo; por lo tanto, nuestra conducta, comportamiento y apariencia debe representarlo a Él. A Dios le importa nuestra conducta con el prójimo porque de tal manera amo Dios al mundo y el no quiere que nuestro comportamiento sea inconsistente con el mensaje del evangelio que somos llamado a proclamar.

Permítame compartirle un testimonio personal. Yo me mude a mi hogar en el año 1978 y mi esposo sembró un pequeño árbol de pino, que al pasar de los años creció algunos sesenta pies. Nosotros amábamos a ese árbol. Le daba sombra a todo nuestro pequeño patio. (Nosotros somos del estado de Nueva York, por lo tanto nuestra propiedad era de 45 pies por 95 pies.) El gran árbol se extendía al punto de ser como un paraguas y también nos proveía privacidad. Ninguno de mis vecinos podía ver el interior de mi casa porque el árbol obstruía la vista por algunos cien pies. Las ramas del árbol se extendían hasta el patio de tres de mis vecinos. Era un gran árbol.

Un viernes en la tarde me fui a caminar con una de mis nietas para enviar una carta, cuando vi a mi nuevo vecino salir de su casa. Yo me presente y le señale cual era mi casa. El me dijo "Ah", ¿eres tú la del árbol? Yo le conteste, "Si, ¿mi árbol le está molestando?" El me dijo; "Vamos a ponerlo de esta manera, tu otra vecina y yo estamos dispuesta aportar para los gastos de cortar el árbol". ¿Qué? Mi vecina que me ha conocido por muchos años, ¿estaba hablando de mí y odiaba mi árbol? Mi vecina dijo que la sage del árbol estaba haciendo un reguero en su propiedad. Yo entendí lo que decía, porque me estaba provocando un reguero en mi propiedad también. Yo le asegure que era mi problema porque era mi árbol.

Mientras mi nieta y yo nos alejábamos, mi nieta me dijo defensivamente, ¿Nana, quien se creé ese hombre que es? ¡Ese es tu árbol Nana, y a ese hombre no le concierne! Yo le dije; "No, la Biblia dice que vivamos en paz con todos mientras este en nuestro poder hacerlo". Cuando llegue a casa le explique la situación a mi esposo, y el estaba de acuerdo en que se debía cortar el árbol. El próximo día llamamos a los que proveen este servicio para arboles, y resulto que ellos estaban trabajando en nuestra comunidad y podían venir de inmediato. Trague profundo y le conteste, "está bien". Yo no esperaba que una acción tan pronto se estuviera llevando a cabo. El que nos proveyó el servicio nos dio un buen precio y nos dijo que podía cortar el árbol inmediatamente. Trague profundo de nuevo, pero yo sabía que no era tanto lo del árbol, era el ser obediente a la Palabra de Dios.

Mientras cortaban el árbol yo me encontraba en el segundo piso de mi casa mirando por la ventana. Yo estaba llorando por lo del árbol, que ya se había convertido parte de nuestra familia. Entre más cortaba, más veía yo de la vecindad, hasta vecinos que no había visto en tres décadas. Sentía que mi casa era como una niña sin su traje, completamente descubierta. Fue doloroso. El árbol hacia que mi patio se viera majestuoso, pero ahora parecía desnudo. Seguía repitiendo, ¡Dios, estoy haciendo esto por Ti! Pero aun así no deseaba que removieran el árbol. Durante el culto del domingo, me sentía tan quebrantada de corazón. El lunes fui con mi asistente para predicar a una conferencia de mujeres en el estado de "Texas", y mientras yo estaba en ese lugar, tomaba muchas fotos de arboles que crecían alto pero que no se le cayeran las hojas. Cuando la esposa del pastor me pregunto qué estaba haciendo, le conté mi triste historia.

La conferencia estuvo estupenda, y el Señor me ayudo a ministrar, así que temporeramente yo me olvide de mi patio desnudo. Cuando regrese a mi habitación luego de una de las sesiones, me percate que tenía un mensaje de voz en mi celular. Era mi nuera (esposa de su hijo). Ella estaba llorando y dijo, "Mama, hubo un tornado en la ciudad de Nueva York, y todo los arboles fueron sacados desde el cimiento de las raíces. Nuestro vecino fue el más afectado, una área de desastre total." La ciudad de Nueva York no tiene tornados. Estaba atónita. Nuestro jardinero nos dijo que si no hubiéramos cortado el árbol, se hubiera caído sobre nuestro hogar, causando grande daños. ¡Uf! Pensé, "Dios yo pensaba que estaba haciendo algo por Ti", ¡pero realmente Tú estabas haciendo algo por mí!

Esta historia no termina ahí. Un año después, mientras salí caminando de mi casa, camino a enviar otra carta, vi a mi vecino. Le dije "Hola, ¿se acuerda de mi? Yo soy la del árbol grande." El me dijo, "Si yo me acuerdo de usted." Yo comencé a compartir la Palabra, y él porque yo había decidido mandar a cortar el árbol. Su esposa salió y dijo, "Ahora yo sé quien tu eres. Yo he estado mirando por mi ventana al patio suyo, y no podía reconocer a tu esposo pero sabía que lo había visto antes". Continuo diciendo, "Ahora se. ¡Yo he estado visitando su iglesia por las pasadas semanas!" ¡*Genial*, al yo vivir como que estoy representando a Cristo y no a mí misma, termine dándole testimonio a mis vecinos!

Dios se preocupa por nuestra vida pública como también nuestra vida privada.

Antes de que el sacerdote ofrezca el sacrificio:

- El animal tenía que ser degolladlo por el cuello y la piel desprendida. Yo creo que esto simboliza la transparencia y vulnerabilidad. Nosotros seremos puesto delante de Dios. Sin falsedad. Todo en la luz, nada escondido.
- El interior tiene que ser removido, expuestas y muy bien lavadas en toda las áreas. Es tal como Salmos 51:5 dice: Tú amas la verdad en lo íntimo.
- La cabeza tenía que ser cortada y puesto sobre el altar. Yo creo que esto simboliza el traer nuestros pensamientos ante Dios. La cabeza también incluye los ojos y oídos, representando lo que miramos y a los que le préstamo los oídos a escuchar. Tenemos que poner todo esto sobre el altar.
- Cuando yo me convertí, yo puse una notita con un mensaje en mi teléfono. Era un recordatorio de que el Espíritu Santo está escuchando mi conversación, por lo tanto, tenía que tener cuidado de lo que salía de mi boca. Yo tenía que tener cuidado con la murmuración, difamación y el que se hiciera declaraciones criticonas, de los cual yo tenía tendencia en hacerlas. Creo que

aun mantendré esa nota en cada teléfono en mi casa y en mi celular como un recordatorio de no decir algo que desagrade al Señor.

- Se le tenía que cortar las piernas y ser puestas sobre el altar, que es indicativo para mí que tenemos que permitirle al Espíritu Santo que controle nuestros pasos.

- El corazón tenía que ser lavado y puesto sobre el altar, que desde luego simbolizaba nuestras emociones y actitudes. Nuestro corazón tiene que ser continuamente lavados, todos los días, por la mañana y la noche.

- La grasa tenía que ser removida y puesta sobre el altar. Esa grasa simboliza todo nuestros logros. Las victorias del ayer son buenas, pero Dios quiere darnos nuevas victorias hoy. El no quiere que nos enfoquemos en el pasado y en cambio, perdamos lo que El tiene para nosotros en el futuro. Yo tenía una amiga que estudiaba la historia Judía y las tradiciones de los sacerdotes. Ella me dijo que mientras la ofrenda estaba siendo consumida, los sacerdotes caminaban frente al altar en la formación del número ocho. Por supuesto, el ocho es simbólico a nuevos comienzos. Cuando la ultima ceniza caía sobre el suelo, el sacerdote comenzaba a sonar su trompeta y corría de un lado al otro lado del campamento exclamando ¡Esta terminado, está terminado! Había un gran regocijo porque cuando ya no quedaban las cenizas, significaba que Dios había aceptado el sacrificio. Pecado, fracaso, lamentos, todos se habían ido en el humo y ya no eran reconocibles. ¡Era ahora un nuevo comienzo! Por fe ellos creían que fueron hechos dignos y aceptable en los ojos de Dios.

La Montaña de Cenizas

Como un paso final, cuando el sacerdote soltaba la trompeta, el tenía que cambiarse la ropa para que no se le ensuciaran. El se ponía una ropa diferente y inmediatamente removía toda las cenizas sobre el altar y se las llevaba fuera del campamento (ver Levíticos 6:8-12). Cuando ya se encontraba fuera del campamento, el echaba las cenizas sobre una montaña de cenizas. Si, realmente se llamaba montaña de cenizas, ese era un lugar real.

En el medio de toda la fogosa adoración, Dios quería que el sacerdote tomara un descanso, cambiara de nuevo su ropa y removiera lo que hubiera quedado quemado para remover toda la ceniza. Esto era algo que el sacerdote tenía que hacer el mismo. Ninguna otra persona podría cargar las cenizas por él. El tenía que tomar sus cenizas y ponerlas sobre las montaña de cenizas el mismo. Hacer esto era como limpiar una escena de crimen para que no quedara evidencia de que hubo algo muerto sobre el altar. Parecía como un lugar que siempre estaba limpio para adorar al Señor. Cuando el sacerdote regresaba al campamento, el tenía que cambiar su vestimenta otra vez, y sobre el altar limpio estaba un nuevo sacrificio.

Piensa sobre la tipología o el simbolismo de la montaña de cenizas. La montaña de cenizas era un recordatorio visible que todos los pecados y situaciones del día se le entregaron a Dios. A los sacerdotes no se les permitía sentarse a comer un plato de sopas de "Matzo" ni pan. No se podía ser perezoso en su trabajo. La ceniza tenía que ser rápidamente removidas del altar de la adoración, porque entonces y solo entonces podían tener una oportunidad de comenzar todo de nuevo, con un nuevo tiempo de adoración. Dios sabia que todos necesitamos un nuevo comienzo.

Para el sacerdote este tipo de ofrenda en particular era hecho a menudo, que me demuestra a mí que todo tenemos cenizas todo el tiempo. Cosas acontecen en la vida. Situaciones ocurren cada día que necesitan ser quemadas en la presencia de Dios y luego olvidadas para seguir adelante. Este paso de remover las cenizas era tan importante como los pasos anteriores.

El sacerdote tenía que llevar sus propias cenizas y ponerlas sobre la montaña de cenizas. Nadie más podía hacer esto por él, ni una sirvienta ni siquiera un amigo cercano podía llevar las cenizas. El sacerdote lo tenía que hacer el mismo. De manera tangible él tenía que poner esas cenizas sobre la montaña de las cenizas y regresar caminando hacia la libertad. Yo me imagino que mientras iba caminando hacia la montaña de las cenizas, cargando sus cenizas, el sacerdote tomaba la oportunidad para regocijarse y darle gracias al Señor, por aceptar las ofrendas que le fueron dadas en ese día a Él. ¿No es esto un pensamiento increíble?

Como menciones anteriormente, cuando el sacerdote regresaba para adorar al Señor otra vez, tenían que cambiar de nuevo sus vestimentas. La nueva ropa representaba una nueva vida. No tendrían ni una mancha, ni rastro de ceniza en esa vestimenta. ¡Nueva vestimenta para un nuevo sacrificio! Las cenizas de ayer no tenían nada que ver con el sacrificio de hoy. Cada día era un nuevo comienzo. Si dejabas las cenizas en el altar seria como volver atrás al pasado. No hubiera importado que el próximo sacrificio fuera puro y puesto cuidadosamente sobre el altar como Dios los había instruido, la ofrenda sería inaceptable. La integridad y la pureza del fuego estarían comprometidas. Cenizas dificultan que el fuego pueda arder radiantemente. Las ceniza impiden que el fuego este como es debido. Las cenizas no pueden ascender en el fuego, por lo tanto, dificulta que arda radiantemente el fuego. Las cenizas sobre un altar es un insulto para el que recibe la ofrenda. Es como intentar cocinar para un rey, un pedazo de carne fresca en un molde lleno de cenizas sobrante de la receta anterior.

Así es cuando intentamos adorar el Rey de reyes con los lamentos, fracasos y desilusiones, pecados confesados del ayer, si, aun nuestros logros. En vez de tener una vida de altar vibrante con nueva consagración, tenemos una vida oscura llena de condena, temor y secretos. Terminamos cambiando nuestro altar por una urna donde están puestas las cenizas de la muerte, los restos de algo que ya murió. Piensa por un momento donde las personas ponen esta urnas. Usualmente es en una repisa de chimenea, o en algún armario que queda al frente y al centro. Se le da un lugar de prominencia.

Cada vez que mires la urna, te acordaras de quien son las cenizas que tiene adentro. No lo dudes, pero las cenizas tienen una voz. Es casi imposible tener una nueva relación cuando el amado difunto está en una urna delante de ti mirándote. Aunque la persona está muerta, de alguna manera nos sentimos conectados a él, aun estamos unidos. ¡Pero cuando queremos preservar nuestras antiguas cenizas nosotros sin querer *protegemos las cenizas y somos negligentes con el fuego*! Las cenizas se convierten sagradas e intocables. Terminamos conmemorando nuestro pasado. Vestimos las cenizas con una urna hermosa y luego las personas que se encuentren con nosotros, solo se encontraran con muerte. Cuando estamos estancados en el pasado, terminamos nosotros siendo nada más que vasijas religiosas decoradas.

Y por supuesto hice una pequeña investigación sobre urnas al hablar con el director de una casa fúnebre. Permítame compartirle algunos hechos sobre las urnas.

- **Las urnas son a prueba de fuego**. El fuego de Dios no lo puede penetrar
- **Las urnas son a pruebe de agua**. El agua de la Palabra de Dios no nos puede lavar.
- **Las urnas son impenetrable por aire**. El aliento de Dios no nos puede revivir.
- **Las urnas son pesadas**. El vivir en el pasado es un peso grande con el que tienes que cargar.

La urna mantiene la luz afuera. ¡Esconde la gloria y mantiene el pasado intacto! Por lo tanto, es prácticamente imposible tener una saludable, y una vibrante vida de adoración apasionada con los cargos pesados del pasado sobre ti. Sé que absolutamente entendemos esta teoría, pero las vozces en nuestros corazones continuamente contradice la voz del Espíritu Santo, quien constantemente nos amonesta a nosotros, ¡*Suéltalo, déjalo ir*!

¿No crees que ya es tiempo de tomar ese camino de dieciocho pulgadas a la montaña de cenizas y dejemos todo nuestros lamentos y fracasos en ese lugar? ¿Acaso no es tiempo ya de que abras la bóveda de tu corazón donde están todos los secretos de tu pasado guardado? ¿Acaso no es tiempo ya de que remuevas la tapa y permite que la luz de la presencia de Dios, te alumbre hasta lo más profundo y luego permítele que Su maravillosa voz de amor, inunde y limpie lo retórico de tu pasado?

Romanos 6:17 dice, "Pero gracias a Dios, que aunque erais esclavos del pecado, habéis obedecido de corazón a aquella forma de doctrina a la cual fuisteis entregado". Fijémonos en la transición de ser esclavos del pecado a uno de honradez. Ya no estamos más bajo la ley, estamos bajo el nuevo patrón de la gracia. En cuanto ocurre esta nueva lealtad, el aceptar este pacto de gracias se convierte más racional, en lugar de solo la doctrina. ¡El cambio tiene que ocurrir en nuestro corazón! He aquí comienza la trayectoria desde nuestra cabeza hasta nuestro corazón.

Teológicamente, el pasado ya está muerto. Fue crucificado con Cristo (Gálatas 3:20), y su voz fue silenciada en el Calvario por más de dos mil años. Te invito a que le des a tu pasado un entierro apropiado, y comienza un día nuevo hoy. Créeme cuando te digo, siempre tendremos cenizas, pero mi oración es que ahora sepamos donde colocar esas cenizas.

Nadie está exento de esto. Dios le dijo a Samuel, Su profeta, ¿Hasta cuándo lloraras a Saúl…? Llena tu cuerno de aceite, y ven, te enviare… (Samuel 16:1). El Espíritu Santo estaba incitando al profeta que dejara ir el pasado y que continuara. Si Samuel hubiera continuado llorando la muerte de Saúl, el nunca hubiera ungido a David. Hay un David en nuestras vidas que remplazara a nuestro Saúl. Hay gigantes esperando ser derivado, y estamos a solo dieciocho pulgadas de esa victoria.

¿A que "Saúl" estas tu llorando? ¿Es acaso alguna relación donde no funciono las cosas como esperabas? ¿Acaso es un ministerio que fracaso? ¿Tal vez ya murió un sueño que anhelabas? Puede ser las constantes conversaciones con los pasados fracasos y remordimientos que te han estancado. Tal vez es un recuerdo, como una grabación del pasado que lo repites una y otra vez, donde te han herido profundamente. Tanto así, que equivocadamente piensas que es la voz de Dios, y ahora crees que es también la manera en que El piensa de ti. Debido a esos recuerdos de mentiras, no puedes tener tiempo a solas ni comunión con Él y le tienes miedo a Él. Cuando lees escrituras que dicen cosas como, "Espérate, hija mía" (Rut 3:18), te da temor el hacerlo, porque en realidad piensas que Dios no va a llegar a tiempo. En vez de sentirte rechazada, decides envolverte en muchas cosas que te mantengan ocupada menos el tener un tiempo asolas con Dios.

Nosotros no podemos caminar hacia el frente, mientras miramos hacia atrás. ¡Entrégale tu pasado al Señor, y pídele que El lave de ti todo el lodo que te impide tomar saltos gigantescos hacia adelante, para que el ciclo del pasado pueda ser roto de una vez y por toda! Nosotros se supone que somos sacrificios vivos, y no somos un fuego de brasa (momentos finales de combustión). Isaías 61:3 dice; Que Dios te dará gloria en lugar de ceniza, manto de alegría en lugar de espíritu angustiado. ¿Por qué no te quitas ese manto tan pesado ahora mismo, y te pones algo más liviano?

Oremos

Señor, yo no quiero ser una religiosa vasija decorada. Yo no quiero vivir mi vida sobre un armario. Yo quiero ser un sacrificio vivo, santo y agradable para Ti (Romanos 12:1-2). Hoy es el mejor día para renunciar de mi pasado, y abrir la tapa de mi urna y escapar de esta prisión. ¡Basta ya! No hay ninguna razón por el cual debo quedarme como un prisionero de guerra, luchando por una batalla que ya fue ganada para mí. Yo entiendo en mi corazón, que hubo un cambio, y escojo hoy removerme la urna pesada que está al frente y al centro sobre un marco en mi corazón. ¡Yo lo remplazo con el fuego ardiente de adoración para que yo pueda resplandecer para Tu gloria! En el nombre de Jesús, amen.

CAPITULO 4 – MANTÉN ESE FUEGO ARDIENDO

Te parece raro de que Dios siempre se está comparando con el fuego? Sus ojos son como llama de fuego (Ap. 19:12). El libro de Hebreo nos dice porque nuestro Dios es fuego consumidor (Hebreos 12:29). Jeremías 20:29 dice que Su palabra es como fuego. El apareció en el fuego con los tres varones Judíos (Dn. 3:25). El fue una columna de fuego para mantener a Su pueblo caliente en el desierto (Éxodos 13:21). En el Monte Sinaí se apareció en forma de una llama de fuego en una zarza, que no se consumía (Éxodos 3:2). El os bautizara en Espíritu Santo y fuego (Mateo 3:11; Lucas 3:16). En Hechos capitulo 2 y se les aparecieron lenguas repartidas, como de fuego, asentándose sobre cada uno de los discípulos de Jesús (v. 3). Yo me atrevería decir que aparte del fuego del infierno, el fuego es algo bueno. ¡Dios quiere Su gente, encendida en el fuego, ardiendo por El!

Esta son dos señales de todo creyente que es nacido de nuevo; el Espíritu Santo, que simboliza el poder y el fuego, que en cambio simboliza nuestra pasión para usar ese poder. Yo fui cambiada por Su poder. Cuando el Espíritu Santo habitaba en mi vida fui transformada desde el interior hacia fuera. Yo era de una manera un día, y luego de mi experiencia con Cristo yo era totalmente diferente.

Yo le compartí en uno de los capítulos anteriores, de alguna de las cosas que yo había pasado en mi niñez. Cuando yo tenía diez años, mi padre vino y me saco de esa horrible escuela de internado. El decidido llegar un día sin dejarlos saber y me encontró con marcas, un ojo morado y verdugones sobre mi cuerpo. El de inmediato me tomo y me llevo a vivir a Manhattan (en Nueva York).

Aunque yo había vivido una vida emocionalmente difícil, aun así yo era muy inocente. Pero en la nueva vecindad donde viviría, no era así. Fui llevada a un colegio mixto donde había niñas y niños juntos. Nunca había estado alrededor de niños anteriormente. Yo le guste a los niños porque era la nueva chica en el colegio, por tal razón las niñas me odiaban. Las niñas me perseguían todo los días de camino a mi casa cuando salía del colegio. Para mi eran como gigantes. Yo media cuatro pies con once pulgadas, y para mi eran como los "Filisteos" en la Biblia, altos y fuertes. Todos los días llegaba al apartamento y cerrar la puerta del apartamento, y estaba falta de aliento. Cuando llegaba y padre tenía su vaso de whiskey escoses en su mano, mirando por la ventana y llorando por mi madre. El preguntaba, ¿Como esta todo María? Yo siempre le respondía, "Bien, papi bien".

Un día los "Filisteos" me alcanzaron y desgarraron mi camisa en frente de todos. Yo no sabía cómo pelear con ellos en esos tiempos. Digo en esos tiempos porque tuve que aprender rápidamente. Mientras sujetaba mi blusa con la mano izquierda, tiraba puños a la niña con mi mano derecha. Ella era mucho más alta que yo. Cerré mi mano en forma de un puño, pero se me olvido doblar el dedo pulgar. Cuando yo lance mi mano hacia arriba, mi dedo pulgar se quiebro; estaba roto. Pero yo no podía llegar a casa y decirle a mi padre que mi dedo pulgar estaba quebrado. Yo no quería molestarlo ni serle una carga. Por lo tanto el dedo tendría que sanar solo. Nunca fue acomodado o fijado de nuevo en su lugar. Después de muchos años, hay ciertos movimientos que son dolorosos.

Comparo a ese dedo quebrado con cosas en nuestras vidas que aun no se han fijado. Hay un movimiento, un olor o alguna canción que nos lleva a recordar esa escena del crimen. Cuando le entregamos nuestra vida a Cristo, El toma todas esas cosas que necesitan ser fijadas de nuevo y las arregla. Aunque es doloroso, El tiene que romper esa área de nuestra vida para poder reajustar y fijarlo.

Después de esa pelea mi dedo pulgar no fue lo único que se quebró. Yo fui de ser una niña dócil, a una niña bien rebelde. Yo pensaba que si no le importaba a mi padre, ¿porque me debo yo preocuparme por él? Comencé a tomar vino barato a la edad de once años. Me emborrachaba al grado que me acostaba en los desagües de Manhattan, sobre la sangre de animales que los carniceros mataban, por una área muy conocida en donde empachaba carne. Yo era una niña enviciada y sintiéndome sin esperanza.

De beber alcohol empeore y consumí también drogas, y cuando tenía dieciocho años me inyectaba heroína. Tuve tres sobre dosis (intoxicación). Fui arrestada por las autoridades y pase la noche en la cárcel, pero el capitán de la policía me permitió irme para mi casa sin presentar cargos en mi contra. Yo estaba tan fuera de control que encendí un apartamento en fuego cuando le hice una perforación a una lata de aerosol porque estaba endrogada.

Cuando tenía veintitrés años, encontré a mi padre muerto en su apartamento en la ciudad de Nueva York. Estaba tan adicta que antes de llamar por ayuda, tome sus medicamentos recetados y su licor. Mi padre me dejo de herencia mucho dinero, y por supuesto yo pensé que era la respuesta a mi soledad tan desesperante. Y todo lo que tenia era de marcas caras, ropa de marca (costoso) desde la cabeza hasta los pies y las mejores drogas disponible. Yo trabaje para "Bergdorf Goodman" (una tienda por departamento muy lujosa) y maquillaba a los ricos y famosos. Pero aun así, ninguna de estas cosas podría llenar el gran abismo en mi alma.

Termine conociendo quien sería el amor de mi vida, y luego de estar conociéndonos un tiempo, nosotros decidimos irnos a vivir juntos. Fuimos a "Bloomingdale's" (otra tienda muy lujosa) y compramos muebles lujosos para llenar nuestro nuevo apartamento. Decidimos irnos de vacaciones a

Méjico, parecido a una luna de miel sin la ceremonia ni licencia de matrimonio. Abordamos un vuelo con una colección de equipaje de diseñador, y con la droga cocaína valorada en tres mil dólares. Yo tenía un traje de baño marca Norman Kamali y más cadenas que Mr. T (personaje de la televisión).

Habíamos planificado en festejar en el paraíso de Méjico, pero me paso algo bien raro. En vez de sentirme realizada, entre mas pasaban los días sentía un vacio. Una tarde mi novio Michael, salió a caminar en la playa. ¡Yo decidí no ir porque estaba decidida que tenía que tener una conversación con Dios! En nuestra habitación de lujos comencé hablarle a El… comencé maldiciéndolo. Comencé a gritarle con todas mis fuerzas "¿Qué clase de Dios eres Tú? ¿Qué es esta cosa llamada vida? ¡Me siento como un perro corriendo tras su rabo!" Pero en medio de mi rabieta, escuche algo bien profundo en mi corazón. Me dijo "María." ¡Imagínate eso! Dios sabia mi nombre, el nombre que ni siquiera aparecía en mi certificado de nacimiento. Sus palabras exactas fueron, ¡Dame tu vida antes de que sea muy tarde!

Yo sabía que era Dios, pero no sabía que Su nombre era Jesús. Esa voz lleno el profundo abismo que yo sentía. Era parecido a cuando el mercurio sube en un termómetro. ¡Imagínate ese Santo Dios viene y habla con esta mujer impura! De inmediato sentí la convicción de mis pecados. Sabía que mi boca sucia estaba mal, mi traje de baño tamaño bikini, las bebidas alcohólicas y las drogas, y el estar acostándome con mi novio estaba mal. Fue algo tan raro el sentir la convicción de mis pecados, pero no me sentía condenada. Por cierto, yo sentía un gran sentido de esperanza y valor.

Cuando mi novio regreso a la habitación, yo le pregunte, ¿Cuándo regresamos a casa, tu irías a la iglesia conmigo? El dijo, ¿Iglesia? "Tú necesitas fumarte un porro (marihuana). Necesitas irte en un viajecito". Yo le conteste, "yo no necesito un porro. Yo necesito a Dios en mi vida." Quedaban aun cinco días de nuestras vacaciones, pero se sentía como un siglo. Michael ya estaba planificando dejarme porque ya no eran las cosas como antes y yo planificaba dejarlo porque él no estaba interesado en encontrar esa voz que me hablo.

Cuando estábamos ya por salir del parador, se me hizo un acercamiento para que yo me quedara y trabajara como anfitriona. Yo me acuerdo haberle dicho a Michael, ¡Eso es el diablo, el no quiere que yo regrese a casa para que no valla a la iglesia! Yo no sé como yo sabía eso pero lo sabía. Nosotros regresamos a casa, y tenía que llamar a alguien para contarle de mi experiencia. Por supuesto no conocía a ningún cristiano. Mis amigos eran todo adicto a la droga igual que yo. Decidí llamar a una amiga, y llame a Barbará. Le dije, "tengo que hablar contigo." Pero ella me contesto, "No, yo tengo que hablar contigo". Ella me dijo que hablara yo primero, y que avanzara. Le conté la experiencia que tuve en mi habitación en Méjico. Después ella dijo, ¡Gloria a Dios! Yo dije, *¿Qué?* ¿Gloria a Dios? ¿Y qué significa eso? ¡Yo nunca había escuchado esa expresión anteriormente!

Cuando yo me fui de viaje hace unos diez días, Barbará usaba muchas diferentes expresiones con el nombre de Dios, pero nunca era en un sentido positivo. Ella explico que mientras nosotros estábamos de viaje, que un "hippie" le predico el evangelio a ella y treinta de nuestros amigos. ¡Ellos aceptaron a Cristo y tuvieron un culto de oración por Michael y por mí! ¿Adivina que noche fue eso? Lo adivinaste, esa fue la noche que esa voz llego hasta Méjico y me hablo. Ella me llevo junto a Michael a la iglesia el próximo día en el culto de la noche y aunque mi novio no estaba muy animado a participar, nos acompaño. Durante el servicio él se paso haciendo comentarios del predicador. El tenía cocaína en sus bolsillos y pensaba que podía convencerme de deshacerme de esta ridícula idea, sacarla fuera de mi sistema y podíamos continuar con nuestras vidas como acostumbrada.

Al final del mensaje, el pastor dijo, ¿Si tu mueres esta noche, sabrías dónde vas a pasar la eternidad? Yo comencé a caminar. Me sentía como que me estaba moviendo involuntariamente de mi asiento. Me sentía que habían descendido miles de ángeles y comenzaron a lavarme de toda mi inmundicias. Cuando mire a mi derecha, ¿adivina quien estaba arrodillado a mi lado llorando? Lo adivinaste, era Michael.

El pastor nos ungió a ambos con aceite. El dijo que seriamos conocidos como las cosas tontas que confundieron a los sabios. Cuando regresamos al apartamento esa noche, separamos los colchones de la cama en el piso. Botamos todas las drogas, las parafernalias de drogas, toda música y revista que era impía y toda la ropa que no era apropiada. Le entregamos a Dios toda nuestras vidas, y en cambio el nos dio de regreso una vida completamente nueva. No mucho después, nos casamos un lunes lluvioso en la corte municipal. Ninguna celebración, solo deseábamos estar bien con Dios. Eso fue en el año 1975. Dios en su infinita misericordia me ha dado el más adorable esposo, que aun me deja notitas de amor cada mañana. Michael y yo también somos pastores de la mejor iglesia, en nuestra opinión, trabajando juntamente con las personas salvadas más radicales de quien hemos tenido la fortuna de haber conocido. Tenemos tres hijos Adam, Jordán y Chris, que también están en el ministerio y están haciendo cosas absolutamente *increíbles* para Dios. Tengo nueras que las amo como si fueran mis hijas, y si no fuera eso el todo, tenemos ocho nietos adorable que son absolutamente extraordinarios. ¡Esa noche en esa pequeña iglesia, Dios nos encendió con su fuego, y por la gracia de Dios, nunca se ha apagado!

Aunque fui libertada al instante de las drogas y de la inmoralidad, tomaría *décadas* para que ese *mismo fuego* quemara todas las semillas de negatividad que ya habían echado raíces en lo más profundo de mi corazón. El Guardabosque Forestal dice que algunos fuegos son buenos, porque limpia los escombros que muchas veces interfieren con el crecimiento de nueva vida. Yo definitivamente creo que Dios uso el fuego en mi vida para sacar a la superficie las toxinas que se mantenían ocultas, de las que hablare más adelante en futuros capítulos.

¿Por qué fuego?

¿Por qué crees que Dios usa el símbolo del fuego a través de las Escrituras? Bueno, hay ciertas propiedades del fuego que yo creo que Dios quiere que sean evidentes, en nuestras vidas y diario vivir. Vamos a tomar una mirada a estas propiedades.

El fuego ilumina – su luz es nuestro camino.

Es tan importante vivir en la luz de la presencia de Dios, para que El pueda exponer toda trampa que el enemigo oculte en la oscuridad que este delante de nosotros. También, la visión es distorsionada en el fuego. Cuando estamos mirando aquel cuyos ojos son como fuego, podremos recibir la revelación para nuestras vidas mientras somos dirigidos y llevados por el Espíritu Santo. Las personas encendidas en ese fuego, pueden oír hasta en la quietud, la pequeña voz dentro de sí que dice, "Este es el camino; síguelo." (Isaías 30:21)

El fuego derrite.

El fuego cambia las propiedades de las superficies más duras. Cambia nuestros corazones endurecidos. La vida en nuestra naturaleza nos hace duros. Nosotros no somos naturalmente flexibles ni moldeables. Nosotros somos naturalmente temerosos, de mentes estrechas, tacaños y mezquinos, por lo menos eso es lo que yo soy sin el fuego de Dios. Cuando nos remojemos en el aceite hirviendo de la presencia de Dios que ha sido calentado por el fuego de Dios, El cambia el que y quienes somos.

Considera esto: Pablo era un fabricante de carpa. De la única manera que un fabricante de carpa puede ganar más dinero por su trabajo, era tomando la piel de un animal y hervirlo en aceite caliente. Cuando removía la piel dura del aceite, la piel era más fácil de estirar, y el fabricante de carpa podía hacer mucho más con la piel. Cubría mucho más territorio con menos esfuerzos. Pero, sin el aceite caliente el fabricante de carpa, podía alar y alar todo lo que deseaba pero no le iba a servir para nada. La piel simplemente no sedería.

La piel de un animal es muy parecida a nuestros corazones. No importa cuan duro tratemos o cuánto apretemos los dientes, nuestros corazones no van a cambiar, a menos que entremos en el fuego, en el calor directo de la presencia de Dios. Pero la verdad de este hecho, es que esas antiguas carpas tenían que ser removidas y echados de nuevo en el aceite caliente en ocasiones porque el elemento de la naturaleza, como la lluvia, o el sol directo causaba que se encogiera. Tenían que echarlo de nuevo a hervir en el aceite, había que estirarlo, y moldeadlo nuevamente. La vida pasa, pero mientras tanto, el calor de la vida va encogiendo la capacidad de nuestros corazones, pero el calor del fuego de Dios engrandece nuestra capacidad. El remojarnos un poco en la presencia de Dios hace toda la diferencia en nuestro mundo y a quien nuestras vidas afectan.

El fuego esteriliza.

Lo que vive en el humo no puede vivir en el fuego. El fuego tiene una manera de sacar las víboras escondidas, actitudes venenosas y personas que son malignos o engañosos que pueden estar matando nuestras vidas espirituales que este en nosotros. El oculto puede ser mortal, como podemos ver en la historia de Hechos 28. El apóstol Pablo recogió un montón de leña y la estaba echando al fuego, cuando una víbora que huía del calor se le prendió en la mano. Si Pablo no hubiera puesto la leña sobre el fuego, la víbora se hubiera quedado escondida. Yo creo que el Espíritu Santo usa las circunstancias cuando se ponen calorosas en nuestras vidas, para exponer y lidiar con cosas que se mantienen escondidas. Esas cosas a la que nos acostumbramos a vivir con ellas, pero que pueden causarnos gran daño. Es en estos momentos que nos purificamos. Yo pienso en los tres jóvenes Hebreos en Daniel 3. En medio del fuego lo único que se quemo fueron las cadenas que los tenían atados. Ni las puntas de los pelos de su cabeza se quemaron, ni su ropa olía a humo. Aun más increíble es que ellos vieron al que caminaba con ellos en medio del fuego. Cuando por fin pasaron por ese fuego de circunstancias, ese acontecimiento horrible, todos veían el brillo de Dios sobre los jóvenes.

El fuego radia – fija la temperatura de una habitación.

La temperatura siempre cambia a la presencia de fuego. ¡El fuego puede calentar una casa! Como una sala de carderas "boiler" (utilizado para calentar el agua y la casa) es el recurso de calor en una casa y fija la temperatura, también lo hace el Espíritu Santo, siendo este el mayor recurso de calor para nuestras vidas, debemos dar de ese calor y calentar todo lugar donde estemos. Vamos a usar la sala de carderas como un ejemplo del "calor santo" en nuestra casa de adoración. Nadie nunca compra una casa porque le guste la sala de carderas. Nadie nunca dice ¡Que increíble esta esa sala de caderas, amo a esa sala de carderas! No, usualmente las personas compran una casa porque le gusto la estética, el piso de madera, el granito sobre los gabinetes de la cocina, los enseres electrodomésticos de acero inoxidable… Pero piensa por un momento que si la casa esta fría es porque la sala de caderas esta frío, no importaría de qué color están pintadas las paredes ni de que material es lo que está sobre los gabinetes de la cocina. Todos les prestarían sus atenciones a la sala de caderas. Aunque queda escondido, es probablemente el cuarto más esencial en una casa.

Si la sala de carderas no está fijada en la temperatura correcta, nunca llegaría a la temperatura de un nivel cómodo, y se congelaría la tubería de la casa. Así también lo es cuando en nosotros, nuestra casa de adoración, el que dirige no está ardiendo por Dios. ¡No está encendidos en llamas de fuego, o carecen del "calor santo"! Yo a menudo digo ¡Si no hay fuego, no hay deseo! El estado sin pasión del líder, produce una adoración sin pasión, porque su altar de oración estaría frio y sin vida. Cuando entran en una iglesia la gente, nunca se sentirían cómodos en bajar su guardia y relajarse, ni se quitarían su abrigo y se relajarían en una casa fría donde la cardera este rota.

Si una iglesia es fría, la visita estaría buscando hablar con un líder para saber porque no hay calor en la casa de Dios. Solo el fuego de la presencia de Dios es llevado por personas desesperadas y apasionadas que radian Su amor, y este puede provocar que el fuego de Dios encienda una habitación. Esa es la diferencia entre los que visitan la iglesia y dicen "Yo sentí la presencia de Dios," y personas saliendo del culto diciendo, "Eso estuvo bonito". Nosotros no queremos servicios bonitos. Tenemos que encontrarnos con el Dios vivo, porque solo El puede cambiar las vidas de las personas.

Un cuarto de carderas requiere de tres cosas para hacer su función correctamente. Primero requiere que la tubería este limpia para que el agua pueda pasar a través de las mismas. Parecido a la tubería de nuestro corazón tienen que mantenerse limpias para que pueda pasar el agua de la Palabra de Dios. Segundo, la cardera tiene que funcionar sin problemas. Necesita un suplido de aceite fresco cada cierto tiempo. Cuando se consume el aceite, tienen que reponerse. Así también es nuestras vidas, porque necesitamos reponernos con el aceite fresco del Espíritu Santo que se nos provee cada cierto tiempo. La unción tiene que ser renovada.

Ultimo pero no menos importante, la cardera tiene que tener constantemente una llama ardiendo. La luz de la mecha tiene que siempre estar encendida. Sin la pequeña llama no habría agua caliente en la casa. No se calentaría el aceite, y la casa estaría fría. Imagínate eso: ¡El agua que simboliza la Palabra de Dios y el aceite representa Su unción, ambos necesita esa pequeña llama, porque ella es responsable en calentar la gran cardera! Vamos a mantener la llama de nuestros corazones ardiendo constantemente. ¡No lo ignores! Tal vez te parezca insignificante, pero sin ella, todo lo otro se mantendrá frio. ¡Acuérdate, que el fuego en el altar no se puede apagar! Tiene que arder día y noche.

El fuego es contagioso – quema todo en su camino.

El fuego no es particularmente selectivo. No dice. "voy a quemar el asiento pero no la mesa". ¡Claro que no! Quema todo lo que esté en su paso. Cuando el fuego quema algo, no hay duda que fue la causa. Hay un olor indistinguible después de un fuego. Dios nos ha creado para que seamos espiritualmente combustibles, pirómanos espirituales, antorchas humanas que de alguna manera afectamos a todo lo que está en nuestro paso. De modo de que seamos un dulce olor del aroma de Dios.

Las personas que están en ese fuego dejan atrás un perfume distintivo. Cuando uno está realmente en ese fuego, uno no se esconde detrás de paredes religiosas. No eres selectivo al tipo de persona a la que le haces un acercamiento, ni por el color de su piel o por su historial económico. Cuando tienes el fuego, no eres intimidado por situaciones externas. Sin darte cuenta, tocas a todo lo que te rodea con tu presencia en alguna manera o forma.

Acuérdate de esto: ¡Dios no solo juzga la fidelidad, El también juzga la temperatura! En el libro de Revelaciones (Apocalipsis) había dos iglesias que tenían un problema con la temperatura. Una fue la iglesia de Lodicea. Los miembros no eran ni fríos ni calientes, eran tibios (Ap. 3:14-22). La otra fue la iglesia de Éfeso (Ap. 2:1-7). Ellos dejaron a su primer amor; perdieron su pasión. Hermanos y hermanas, nosotros necesitamos estar "armados con el santo fuego" no con armas ocultas.

El Fuego Avivado Para Dios

Algo mas que debe mantener "el fuego avivado para Dios" es nuestros dones. Pablo le dijo a Timoteo en 2da de Timoteo 1:6-7 que aviva el fuego del don de Dios que está en el. Esto implica que el don dentro de nosotros puede mantenerse dormido si no avivamos el fuego. Pablo básicamente le está diciendo a su hijo en la fe, "Tienes que llevar tus dones a punto de hervir. Parece que has perdido el enfoque del don de Dios que ya está en ti. Escúchame, Timoteo, Dios no te ha dado espíritu de cobardía. No seas cobarde. ¡No permitas que el temor apague esa llama que va a encender ese don!"

La solución a toda situación difícil en este mundo, en el pasado y en el presente, es que el don de Dios este en nosotros de alguna manera u otra. ¿Adivina qué? ¡El don de Dios está dentro de cada creyente! Cada creyente tiene el don que el Espíritu Santo deposito dentro de ellos, y atraves de ellos el Espíritu Santo demostrara un don particular desacuerdo a la manera en que Dios los creo. La iglesia es la respuesta a los problemas del mundo, no es al revés. ¡El nos ungió a nosotros!

- La respuesta al paganismo es el don del evangelismo.
- La respuesta a doctrinas erróneas es el don de poder separar correctamente la Palabra de la verdad.
- La respuesta a la necesidad es el don de dar.
- La respuesta al desaliento es el don de dar ánimo.
- La respuesta a la condenación es el don de misericordia.
- La respuesta a la incredulidad es el don de fe.
- La respuesta a la desorganización es el don de administración.
- La respuesta a los motivos erróneo es el don de discernimiento.
- La respuesta a la soledad es el don de hospitalidad.
- La respuesta a la enfermedad es el don de sanar.
- La respuesta a la confusión es el don de sabiduría.

Vamos avivar en la llama todos los dones que Dios nos ha dado. No permitamos que cualquier cosa apague nuestro fuego. Ningún pecado confundido. Ningún dolor ni desilusión. Ningunas personas religiosas que piensan que ellos se suponen que sean extinguidores de fuego en vez de ser incendiarios espirituales. No permitas que cualquier cosa te vaya enfriando. No escuches las mentiras del enemigo que solo quiere recordarte de tu pasado y desanimarte para no lograr cumplir tu futuro. Y aun mas importante no seas negligente con tu fuego, no permita que tu tiempo de devoción sea como trabajo. Se ha dicho que es la naturaleza del fuego de apagarse automáticamente. No permitas que eso te pase a ti. ¡Atiende el fuego en tu corazón y permite que el Espíritu Santo continuamente respire sobre ti, para que los que te vean digan, "Ella está encendida, o el esta encendido," y que esto sea porque estamos encendido en el fuego de Dios! ¡Dale, es tiempo del *lavado tu cerebro*!

Oremos

Señor, enciéndenos con tu fuego. Consúmenos por completo. Activa cada don que has puesto en nosotros, dones que pueden que estén dormidos, llévalo al punto de hervir. Permítenos ser una luz brillante encendida para alumbrar a este mundo oscuro. En el nombre de Jesús, amen.

María Durso

CAPITULO 5 – ¿EL *FAVOR* SIGNIFICA *FAVORITO*?

L mayoría de nosotros, por una razón u otra, tenemos raros estereotipos o vistas distorsionadas en cuanto a quien realmente es Dios. A quien puede El posiblemente usar, como El actúa o reacciona, y que realmente significa ciertos conceptos en Su Palabra. Por estas ideas equivocadas, nuestras vidas cristianas están relativamente sin alegría, y ponemos resistencia tratando de aceptar lo que se supone sea un bendiciones. Me gustaría tocar levemente este tema de distorsión y quitar ese peso de nuestras mentes.

Permítame comenzar con este ejemplo. Entre el Antiguo Testamento y el Nuevo Testamento hay un periodo de cuatrocientos años. El libro de Malaquías no termina exactamente en una nota muy animadora. El hombre está separado de Dios, muchos sacerdotes son corruptos, y el Señor les dice, viene el "día ardiente". Luego por cientos de años hay un gran silencio. El hombre no escucho nada de Dios. No había profeta que hablara departe de Él.

Ahora comienza el Nuevo Testamento, y Dios por fin habla. ¿Qué piensas que El iba a decir? ¿En qué tono hablaría? ¿Estaría El disgustado y nos reprendería? ¿Sacaría El una lista de todas las ofensas que se cometieron o dejaría saber cuan decepcionado esta El con la humanidad? Y luego de todos estos años, ¿a quién crees que El le hablaría?

Justo cuando pensamos que desciframos a Dios, El desafía la lógica humana. Cuando comenzó a hablar otra vez después de cuatrocientos años, ¡El envió un saludo! Si eso no deshace todo los estereotipos que tenemos de Dios, considera esto: no solo envía un saludo, se lo envió a "nadie en especial" de acuerdo a quien es quien en la sociedad religiosa. Ese nadie en especial vivía en un pueblo sin nombre, y encima de todo esto, ¡ese nadie especial era una hembra!

Vamos a absorber esto por un momento. Dios vino a una jovencita, no a una Farisea, una experta en las Escrituras. ¡El llego a un pueblo sin nombre, no era en Jerusalén donde viven los religiosos elites y concluyo cuatrocientos años de desesperanza, con una divina visitación, en la forma de un saludo!

¡Increíble! ¡Extraordinario! ¡Excepcional! ¿Lo captaste? ¡La Biblia registra que un ángel visito a una joven llamada María, y le dijo que era altamente favorecida, y que también el Señor estaba con ella! ¿Te puedes imaginar eso? Si un ángel de repente se apareciera en tu habitación y no tan solo te dijera que eres *favorecida*, sino *altamente favorecida* y escogida por Dios para que seas la madre del Mesías. ¿Qué pensaría que significan esas palabras?

¿Qué te pasaría por la mente? ¿Cómo reaccionaría?

Si yo fuera una joven comprometida a contraer nupcial con un carpintero y me dicen que yo soy *altamente favorecida*, mi reacción sin duda seria ir inmediata a llamar a mí prometido.

Imaginemos por un momento, como tal vez sería la conversación entre María y José en una versión del año 2014 con el gran anuncio: (El teléfono suena, *ring, ring, ring*) *Hay Joe, avanza a contestar. Hola José. Soy yo, María. Escúchame, de acuerdo a un ángel que se me apareció de repente en mi habitación... Si Joe, un ángel entro a mi habitación. Lo vi con mis propios ojos... Escúchame, el dijo que yo soy altamente favorecida. Escucha bien, porque esto es lo que estoy pensando. Vamos a cancelar la boda en el patio de atrás de la casa. Vamos hacer la boda en el hotel Hilton de Jerusalén. ¡Ah, y por cierto, vamos a tener un bebe! No preguntes. Te explico luego. Voy a llamar a la oficina del Dr. Abraham; él es el obstetra en el Hospital de Israel... ¿Un censo? ¿Qué censo? ¿Ochenta millas? ¿En un burro? ¿Burro? No necesitamos ningún burro, José. No, solo amarra esa bestia donde estaba. Estoy segura que el ángel enviara una carrosa con un chofer para nosotros. ¡Viajaremos con estilo, primera clase! Tienes que comenzar a pensar en grande, Joe.*

Hoy día, de alguna manera, el significado de la palabra *favorecido* ha sido distorsionado, aun dentro del cuerpo de Cristo. Esto lo que ha hecho es provocado una separación. Pensamos que el "tener" o "no tener" es debido a lo espiritual. Los de "tener", tienen todos. Cuando el día está nublado, sus días siempre están soleados. Cuando está frio afuera, sus días son como de verano. Manejan automóviles costosos, sus enseres son de acero inoxidable y sus hijos son perfectos. Nunca tienen luchas, nunca se enferman, sus ropa son tamaño cero, y sus esposos van a la tienda Tiffany's (tienda muy lujosa) para comprar joyas costosas, porque fueron promovidos al nivel de Presidente Ejecutivo de su empresa. Pero la realidad es que esto no está cerca del significado de la palabra "favorecida". ¡Creo que necesitamos un lavado de cerebro!

Veamos cual fue la reacción real de María cuando a ella se le dijo que era altamente favorecida: "María, cuando le vio, se turbo por sus palabras, y pensaba que salutación seria esta."

-Lucas 1:29

En otras palabras, María estaba escéptica, tal como nosotros lo estaríamos. Ella estaría pensando, ¿Yo, altamente favorecida? Esa palabra traducida era "preocupada" en Lucas 1:29. Es un verbo fuerte e intenso, y no es usado en ningun otro lugar en la Escritura. Tiene la connotación de estar grandemente agitada o grandemente perturbada. María estaba en una confusión. Ella no podía procesar el saludo. Ella no podía recibir la afirmación. Estoy segura que María pensó tal como nosotros pensaríamos: ¿Acaso el favor no es para el grupo elite? ¿Acaso el favor no es solo para los de perfecta vidas? El saludo no iba acorde con sus entornos ni sus circunstancias. Ella tiene que haber pensado, ¿Algo bueno puede salir de mí? ¿Puede salir algo bueno de una Nazarena? Eso era algo que decían a menudo la gente del pueblo, ¿puede salir algo bueno de Nazaret? Era un barrio sin nombre, un pueblo sin nombre, no como Jerusalén, donde vivían los religiosos elite.

Aquí podemos ver claramente que el favor no tiene absolutamente nada que ver con el lugar. María estaba comprometida para casarse con un carpintero desconocido. Para ponerlo en términos modernos, José era un trabajador de cuello azul. ¡Por lo tanto podemos ver que el favor no tiene nada que ver con la vocación!

El ángel no dijo, "Saludos María. Tú eres altamente favorecida porque eres perfecta. Nunca fallaste al día de reposos, tus faldas siempre eran el largo perfecto, no te coloreas los labios, y siempre estudias la Escrituras." Si el ángel solo hubiera dicho algo así y le daría una razón para ser llamada altamente favorecida, se eliminaría el misterio, y ¡María podía continuar haciendo lo que estaba haciendo y a la vez continuar siendo favorecida!

Muchas veces nosotros pensamos que el favor tiene algo que ver con nuestro desempeño. Pero, tal vez ella fue favorecida porque Dios el Padre, tenía el conocimiento de antemano que ella seria la madre perfecta para el Mesías. Tal vez eso era, tal vez Dios sabía que Su Hijo Jesús, estaría a salvo en los brazos de María. Eso tiene un perfecto sentido para mí. *¡Sí!*

Pero en Lucas 2, solo un capitulo después, María tiene un pequeño percance. A María se le pierde Jesús por tres días en Jerusalén donde había mucha gente. ¡Oops! Hasta le tomo un día completo para darse cuenta que El no estaba entre ellos. Esto es una versión del Medio Oriente de la película *Home Alone*. Jesús tiene doce años y está caminando por las calles de la ciudad solo, en una ciudad tan transitada, valiéndose por sí mismo. Esto pareciera un caso perfecto para el Departamento de Protección a los Niños y una investigación de CNN (canal de noticias de la televisión). Para completar lo ocurrido, cuando María por fin lo encuentra a Él, le dice, "Hijo, ¿Por qué nos has hecho así?" (ver 48). ¿Puedes creer tal cosa? ¡María le echa la culpa al niño!

Jesús le contesto, ¿No sabías que en los negocios de mi Padre me es necesario estar? "Pero ellos no entendieron las palabras que les hablo" (Lucas 2:49-50). ¿En serio María? Después de todo, si alguien sabe quién es el "verdadero Padre" eres tu María. Pareciera que en ese momento no estaban conectados a lo espiritual. Y es en este momento que podemos ver que el favor no tiene nada que ver con ser el cristiano más conocedor de los bancos de una iglesia.

Para que estemos claro, Dios realmente usa a personas imperfectas e improbables. El escogió a Abraham para que fuera padre de una nación. Pero Abraham inicialmente no confiaba en Dios con todo su corazón. El tuvo a un hijo fuera de la perfecta voluntad de Dios. Moisés cambio el programa de liberación al matar a un Egipcio, porque el odio estaba en su corazón, atrasando todo por cuarenta años. David, el que iba tras el corazón de Dios, cometió adulterio por que el deseo estaba en su corazón por un corto tiempo. ¡Ni siquiera voy a mencionar lo que estaba pasando en el corazón de Sansón! ¡Pero, aun así, Dios llamo a estos hombres héroes de la fe, se podría decir que hasta favorecidos! Ellos no "merecían" estar en la Sala de los Famosos de Hebreos 11. Ellos no "merecían" tener ni si quiera las huellas de sus pies sobre el paseo de los famosos. Pero aun así, ahí están.

Otro acontecimiento fue en Mateo 12:46-50, Jesús le está hablando a la multitud. Vamos a imaginarnos esto. Jesús esta en medio de una gran cruzada. La Biblia dice que Su madre y hermanos estaban afuera, detrás de la escena, esperando hablar con Él. ¿Qué podía ser más importante que lo que El estaba haciendo? ¿Qué quería ella y sus medios hermanos? ¿Querían saber si Jesús iba llegar tarde para la cena? ¿Quería María preguntarle porque no dejo su cuarto recogido y en orden? Yo tengo la impresiona de que María era una madre normal, con los mismo asuntos controladores que tenemos todos.

Jesús, alejado de el negocio de Su Padre, respondió diciendo, ¿Quién es mi madre, y quienes son mis hermanos? "Porque todo aquel que hace la voluntad de mi Padre que está en los cielos, ese es mi hermano, y hermana, y madre" (Mateo 12:48, 50). ¡Increíble! Eso va directo al punto. Aquí podemos ver que el favor, no significa que tenemos a Jesús enrollado alrededor de nuestro dedo ni que El nos va dar siempre lo que nosotros deseamos.

También sabemos por medio de la Escritura, que había conflicto en el hogar de María, rivalidad de hermanos. Los hermanos eran medio gruñones hacia Jesús. Ellos decían cosas como, "Sal de aquí, y vete a Judea, para que también tus discípulos vean las obras que haces. Porque ninguno que procura darse a conocer hace algo en secreto. Si estas cosas haces, manifiéstate al mundo." (Marcos 6:4, Juan 7:1-5) Fueron irrespetuosos y estaban celosos. Cuando pensamos en Jesús y en el hogar donde el creció, muchas veces pensamos que eran solos Jesús, María y José. Nos imaginamos a Jesús multiplicando los alimentos, Sus sandalias nunca tocando el suelo, mientras flotaba por la casa. Pero eso no está ni cerca de la realidad. Imagínate por un momento que uno de tus hermanos estuviera diciendo que él o ella es Dios. ¿Cómo reaccionarias? Por lo tanto el favor, no significa que tendremos un ambiente en nuestro hogar perfecto, ni que haremos todo perfectamente bien como padres, esposos, amigos, etcétera.

Favorecido, Pero Pasando Por Pruebas

De acuerdo a las normas de los humanos, la vida de María fue cualquier cosa menos perfecta. Si el favor significa que nos entregara todo en bandeja de plata, significa que los ángeles le mintieron a María. José estuvo a punto de dejarla hasta que un ángel intervino y le hablo a José en un sueño. Ella fue enviada a la casa de su prima Elizabeth para esconder su vientre. (Me pregunto si fue en este momento que comenzó la moda de los padres enviar a sus hijas embarazadas y solteras lejos de su familia porque estaban avergonzados.) Ella también tuvo que viajar ochenta millas sobre un burro una semana antes de dar a luz. *¡Ay!* Eso no fue nada de divertido. En Lucas 2:6 dice, "Y aconteció que estando ellos allí" (¿Dónde es "allí"? ¡A ochenta millas de distancia de su amada familia!) "se cumplieron los días de su alumbramiento".

No había habitaciones en el Parado de Belén, no había comadronas, no había agua hirviendo, ni paño estériles. No había nada, solo un carpintero, su prometido que estaba presente para ayudarle en el alumbramiento que ni si quiera era su hijo, rodeado de heno con mal olor de los desperdicios de los animales, que es tan simbólico de que cuando Jesús nace en el establo de nuestro corazones. El bebe nació en unas acomodaciones no normales. El bebe "altamente favorecido" de María, el "Rey de reyes", nació en un establo con olores no agradables. ¡El sequito de Jesús fueron los animales del establo! Y si eso no fuera suficiente, Jesús no lleva ni cinco minutos en la tierra cuando se desata una guerra entre dos reinos. Hay un caos inmediato porque el Rey Herodes quiere matar el Rey de reyes.

A María apenas le da tiempo para reponerse cuando ya hay una amenaza en la vida del niño. María y José tuvieron que buscar refugio en Egipto, que no es exactamente un lugar ideal para un "Judío, bueno y respetable". No hay abuela y abuelos para consentir y mimar a Jesús. No hubo fiesta por el nacimiento del bebe ni despedida de soltera para María. No había familia presente que ayudara a María durante este tiempo de ser "favorecida".

Pero prepárate porque viene un cambio. Estoy segura que José y María estaban necesitando unas palabras de aliento. José y María regresan a su familia. Ellos van al templo a dedicar a su bebe en el octavo día, de acuerdo a la ley que requiera que el primer varón sea consagrado al Señor. Tal vez había una pequeña cena preparada para ellos después de este acontecimiento gozoso. Ahí se encuentran los padres valientes, sosteniendo en sus brazos la esperanza del mundo y con la carga de esta responsabilidad sobre sus hombros. Se escucha una voz en la habitación, una profecía fue dada. Finalmente, noticias buenas, palabras de ánimo y confirmación para la pareja fiel.

¿Sera verdad que ser reconocido públicamente va muy lejos? Nosotros podemos pasar por un sin número de situaciones, siempre y cuando que sepamos que le estamos agradando a Dios. Más aun, es un bono cuando El confirma que El está complacido con nosotros a todos los que nos conocen. Pero la palabra no fue como lo que esperaba María y José. La voz clamo en alta voz y le hablo directamente a María la "altamente favorecida": "He aquí, este niño esta puesto para caída y para levantamiento de muchos en Israel, y para señal que será contradicha, para que sean revelados los pensamientos de muchos corazones" (Lucas 2:34-35). Hasta aquí todo va bien, pero luego el profeta Simón hace estallar una bomba a María la "altamente favorecida" dijo: *"y una espada traspasara tu misma alma" (v35, énfasis añadido)*. Fíjense que no dice que una espada traspasara *tu mente*, No, él le dice *tu corazón*.

¿Acaso el corazón de María ya no había sido traspasado? ¿No es esto una contradicción? ¿No dice la Biblia que ella es bendita entre todas las mujeres? Si esto es en realidad la verdad, y lo sabemos, la lección que podemos aprender es ¡nunca juzgar quien es bendecido y quien no lo es por las circunstancias externas! Ni siquiera juzgues al que es bendecido y quien no lo es por la marca de automóvil que manejan ni por la cantidad de dinero que tienen en el banco. La vecindad en donde vives no define si eres bendecido o no, ni tampoco lo es de acuerdo al tamaño de la piedra preciosa que tengas en el anillo que llevas en el dedo. El punto obvio es este: las personas "bendecidas" también pasan por grandes pruebas que provocan que sus corazones sean traspasado o desgarrado a pedazos.

Gran amargura pudo haber entrado al corazón de María, luego de escuchar que una espada, un trago amargo, una prueba venia que traspasaría su *corazón*. Ella había experimentado muchas decepciones desde que le dijo "si" a la voluntad de Dios. ¿Y ahora estas palabras dolorosas estaban siendo pronunciadas por la boca del profeta?

¡Increíble! El estado del corazón de María estaba en peligro. Su corazón seria atacado. Su hijo seria malentendido y rechazado. Una madre siempre siente el dolor de antemano.

Todo está conectado a la condición del corazón, como lo veremos una y otra vez atraves de este libro. María tenía que proteger su corazón. ¡Cómo piensa una mujer en su corazón, así ella es! La amargura en un corazón hará que el peso de una prueba sea muy difícil de llevar. Pero María no se puso amarga. La Biblia nos dice en Lucas 2:51, que ¡María *guardaba toda estas cosas en su corazón*! Por la condición del corazón de María, Jesús creció en sabiduría y en estatura, y en gracia con Dios y los hombres (ver 52).

Bienaventurados Los Puro De Corazón

María pudo ver a Dios en todas las circunstancias, porque ella mantuvo su corazón limpio, y su corazón puro que le sirvió como una caja de tesoros. Mateo 5:8 dice "Bienaventurados los limpios de corazón, porque ellos verán a Dios." María realmente entendió que significaba el término bendecida, por lo tanto no había lugar en ninguna parte de su corazón para el enemigo, ni división, ni pensamiento desalentador para que el enemigo entrara.

Pensemos en esto. De acuerdo a la descripción de la Biblia, las "personas favorecidas" pueden experimentar que se le cierren las puertas, humillación, inconveniencias, y pruebas dolorosas que traspasaran sus corazones. ¡Estupendo! Ahora, porque no podemos computar lo que significa ser "favorecido", tal como María, que estaba preocupada cuando un ángel le dijo que era altamente favorecida. Es como si nos montáramos en una montaña rusa emocional. Un día pensamos que Dios está enojado con nosotros, y el próximo día si logramos conseguir un buen estacionamiento, ¡hasta comenzamos a silbar porque nos *sentimos* favorecidos! ¡Todo lo que hace esos sentimientos es dejarnos esquizofrénico, estresado, con presión, y una cara de apurados a mis hermanas, hijo y santos!

Yo creo que la cristiandad americana nos ha hecho un gran daño a nosotros. Cuando comparamos nuestras ideas con el texto, lamentablemente malinterpretamos lo que es realmente el favor de Dios. Esta magnífica y gloriosa verdad se ha dejado atrás, y en muchas maneras ha sido diluido y le han hecho sabotaje, cuando pensamos que si somos favorecidos, tenemos que estar viviendo una vida extravagante como los ricos y los famosos.

Mientras reflexionaba en cómo podía entender "favor" en una manera que fuera acorde a la sana doctrina y manteniendo el evento que le pasó a la primera persona a quien se le dijo que ella era favorecida, el Espíritu Santo me despertó una noche y me dirigió al libro de Efesios. Mientras habría la Palabra, se me hizo claro que lo que yo pensaba que era "favor" no estaba remotamente cerca a la definición Bíblica. Cierto que el favor bíblico no tiene nada que ver conmigo ni mi estilo de vida. ¿Qué exactamente es la definición bíblica de *favor*, y era este trato solo para María?

La palabra *favor* traducida en Lucas 1:28 es usada en solo un lugar más en la Escritura. Efesios 1:6; "para alabanza de la gloria de su gracia, con la cual nos hizo aceptos en el Amado". La palabra aceptos en este contexto significa favorecidos. Aquí podemos ver que "favor" no es "¿porque?" es un "porque si". Podemos intercambiar la palabra *favor* con la palabra acepto o escogido: para alabanza de a gloria de su gracia, con la cual (sabemos que) nos hizo (escogió o acepto) en Cristo (énfasis añadido).

Favor es simplemente la inmerecida gracia de Dios, dándonos lo que no hubiéramos podido ganarnos nosotros mismos, ni siquiera en nuestro mejor día; ni si ayudáremos a una anciana o a un ciego sin perro de guia cruzar la carretera, ni tampoco que estemos en una congestión de tráfico por horas, aunque llegaras tarde para la cita más importante de nuestra vida, aunque nos haga un corte el camino un camión y mantengamos nuestra salvación intacta. Una vez escuche a un predicador decir, "El nos daba gracia de Su gracia". ¡La gracia permite que el que era inaceptable se convierta en aceptable en Su presencia "solo porque" su divina intervención, y punto!

La gracia es el ponernos como herederos antes de ser parte de la familia. Antes de que la fundación del mundo Dios nos conocía y aun así nos escogió. ¡El nos acepto a nosotros, y nos escogió como de El! Cuando aun no le conocíamos, El ya nos conocía a nosotros. Tú y yo estábamos en la lista de los "más buscados" en el cielo. Cuando nosotros no lo queríamos a Él, El nos quería a nosotros, El que mejor nos conocía es el que nos ama más. Nos sabemos porque El nos ama. ¡No hay un ¿por qué?, es solo porque si! Cuando yo estaba pecando, El veía a una santa. Antes de ser lavados, El nos veía sin mancha ni arrugas. Cuando salía de nosotros una pestilencia, El olía un dulce aroma. Antes de que le alabáramos, El veía adoradores. Antes de que comenzara mi vida, Dios tomo la decisión de amarme en todo tiempo, en las buenas, las malas y lo feo. En El tenemos perdón por nuestros pecados, desde el vientre hasta la tumba. ¡Eso sí que es favor!

Por su favor hemos sido puestos dentro de Cristo. El nos cubre a nosotros. ¡El nos ensombrece como el Espíritu Santo ensombreció a María! Eso definitivamente no significa que mi vida será perfecta, pero si significa que ¡El que comenzó la buena obra en mi la completara (Filipenses 1:6)! El pondrá en orden todo lo nuestro cuando entregamos nuestras vidas a Él. Pero primero, tenemos que *aceptar* que somos *aceptados*.

El "Síndrome Del Ave María"

Somos grandemente afligidos cuando tiene que ver con aceptar favor, porque sufrimos del "Síndrome de Ave María". Nos enfocamos en la palabra virgen - y es ahí donde comienza la comparación. No somos como ella, no somos especiales como ella lo era, no somos pura como ella, y llegamos a la conclusión que no somos alguien que el Espíritu Santo quiere llenar. Pensamos, por lo tanto que no somos favorecidas. Esto es lo que me pasó a mí. Yo veía la llenura del Espíritu Santo como una recompensa por lograr una meta incansable.

Yo creo que el hecho de que Dios uso a una virgen nos enseña que no hay ninguna otra manera de ser lleno con la vida de Dios excepto por la cobertura del Espíritu Santo. Lo que estaba *en ella* no *de ella* - es divinamente inexplicable e inalcanzable. ¿Sería posible que una matriz virgen fuera un símbolo de un prototipo de borrón y cuenta nueva - un espacio vacío, un lugar estéril, que a menos que algo divino lo llena, se mantendría tal y como esta? Todo el intento que se hiciera en este mundo no lo llenaría, e igual que María, de la única manera que se puede hacer algo para Dios es ¡por la cobertura del Espíritu Santo!

¿Es posible decir que la respuesta de María al favor, es la única respuesta apropiada: "hágase conmigo conforme a tu palabra" (Lucas 1:38)? En otras palabras, yo no lo entiendo, Yo sé que no lo merezco, *pero* ¡hágase conmigo como Tú has dicho!

Después de que María respondió como lo hizo, la Biblia dice que ella comenzó a adorar. La adoración es simplemente la respuesta por haber sido aceptada. Mis amigos David y Nicole Binion, son realmente dos de los mejores líderes de adoración y adoradores de nuestros tiempos, y enseñan que la adoración real es simplemente el amor respondiéndole al amor. ¡La profundidad de nuestra adoración viene solo de saber la profundidad de cuanto somos amados!

Nosotros tenemos que aceptar que somos aceptados. ¡Nosotros tenemos que aceptar que somos altamente favorecidos, solo porque si! Si no aceptamos esta básica y fundamental verdad, el enemigo nos dejara espiritualmente empobrecidos y en quiebras. Seremos como huérfanos espirituales. Entre más nos damos cuenta que somos aceptados por Dios "solo porque si", mas caminaremos en victoria no importando a los retos que tenemos que enfrentar. El autor de himnos Frances J. Roberts escribió, "Yo te he amado sencillamente porque yo te he amado, y ¿qué otra razón necesitaría yo?"[1]

Necesitamos espiritualmente una LPN "limpieza profunda necesitada", ¡un lavado de cerebro! Necesitamos un lavado del cerebro del corazón que se ha tapado por los pensamientos erróneos.

Vamos, busquemos lo que conocemos en nuestra cabeza y llevémoslo más abajo, solo son dieciocho pulgadas hasta llegar al corazón. Vamos a pedirle al Señor que nos ayude a quitar toda esa distorsión, estereotipos, falsa creencias, actitudes legalista, y toda acusación que nos dice que no somos suficientes. ¡Estamos a solo dieciocho pulgadas de la paz mental que viene con el saber que somos aceptados!

Oremos

Señor, Tu Palabra claramente nos instruye a nosotros que confiemos en el Señor con todo nuestro corazón, por lo tanto yo hare lo que dice. Yo no pondré mi confianza en mis circunstancias, ni pasadas ni presentes, ni tampoco por lo que yo vea. Mejor pondré toda mi confianza en Ti, y Tú enderezaras todo mis caminos. ¡Yo te reconozco a Ti y Tu Palabra en todos mis caminos por el resto de mis días! En el nombre de Jesús, amen.

María Durso

CAPÍTULO 6 – ¿POR SOBRE TODA LAS COSAS?

Soy una maniática de la limpieza – obsesiva, compulsiva y fanática cuando se refiere a la limpieza. Es algo que aprendí en la escuela durante mis años más susceptibles. Yo realmente pensé que la frase "la limpieza es lo más cercano a Dios" estaba en la Biblia, y cuando me enteré que no estaba, pensé que tal vez Dios, o la persona que tomó el dictado, cometió un pequeño error. Para mí, no existe una mejor sensación que saber que todo está limpio. No puedo soportar el desorden. Saber que todo está en orden me permite pensar claramente. Y no existe nada como el *olor* a limpio. Cuando compro velas, no compro las fragancias frutales o florales. Compro las velas que huelen a ropa limpia acabada de lavar. El olor del algodón recién almidonado - ¡lo amo! ¡Hmmmmm, inhala, exhala!

Cuando regreso a mi casa tarde en la noche de una conferencia, donde tal vez he dado entre cuatro y seis charlas, desempaco, lavo *toda* mi ropa y cualquier otra ropa que no haya sido lavada, la plancho y la guardo, aún si son las tres de la madrugada. Puedo tener cien personas metidas en mi pequeña casa, alimentarlos a todos, y aun así tener la casa perfectamente organizada y limpia antes de acostarme a dormir. Sé lo que estás pensando en este momento: "¡No! Tiene que estar loca. Debe ser muy difícil vivir con ella." Pero no es tan malo como parece. Yo simplemente *amo* limpiar. Podría sentirme exhausta de haber estado en varios servicios durante el fin de semana y aun así llegar a la casa a pasar mapo solamente para relajarme. En verdad me encanta una casa limpia.

Una mañana una mujer llegó a mi casa llorando histérica.

Había llevado a sus gemelos a la escuela y regresó a la casa para encontrar que su esposo se había llevado todas sus cosas y se había ido de la casa. Antes de continuar con la historia, déjame decirte, yo sólo había sido cristiana por un corto periodo de tiempo y no estaba en el ministerio – repito – ¡yo no estaba en el ministerio! La mujer estaba llorando sentada frente a la mesa de *cristal* de mi cocina. Secaba sus lágrimas, se soplaba la nariz, y entonces ponía sus dedos sobre mi mesa, dejando sus huellas sobre el cristal. Yo muy sutilmente busqué una botella de líquido para limpiar cristales y cada vez que ella levantaba sus manos para secar otra lágrima, yo rociaba un poco del limpiador en el cristal y rápidamente lo limpiaba. Esto se repitió por dos horas, más o menos, pero ¿quién estaba contando el tiempo? Finalmente, cuando por milésima vez iba a limpiar las huellas y el residuo dejado en la mesa por sus lágrimas, ella saltó y dijo, ¡Si tú limpias esa mesa una vez más....! El resto no lo puedo repetir.

Aunque amo tener un hogar limpio, hay algo mucho más importante. Necesitamos corazones limpios porque nuestros corazones son el hogar del

Espíritu Santo, y el Espíritu Santo merece vivir en un hogar limpio. Él merece vivir en una residencia donde Su voz pueda ser fácilmente escuchada y Su aliento pueda ser sentido sin obstrucciones. Moraleja: Dios quiere a Su gente limpia – totalmente limpia. ¡La única tarea que te ha sido asignada como hijo o hija de Dios es mantener tu corazón libre de toda suciedad!

Jesús no sólo es el Rey de reyes, sino que también es el Rey de la limpieza. Digo esto con toda reverencia y respeto, pero Él es el "Maestro Limpio" original. A Dios no le gusta el sucio. Es por eso que envió a Su único Hijo para limpiar el desastre que hemos hecho de nuestra vida. Si existieran las alfombras en el cielo, tendrían líneas de aspiradora perfectas. Si existieran camas, no tendrían motas de polvo debajo de ellas. El cielo es un lugar inmaculado. Jesús es el inmaculado Cordero de Dios. Él va a presentar Su iglesia sin mancha y sin arruga. Él lavó todos nuestros pecados.

La Palabra de Dios nos limpia a diario. Si los esposos quieren un hogar verdaderamente limpio, deben purificar sus esposas con el agua de la Palabra. Jesús lavó los pies de sus discípulos. En el Monte de la Transfiguración, las ropas de Jesús se tornaron un blanco brillante – más blanco que cualquier ropa en un comercial de Clorox (un blanqueador). En la tumba, Sus seguidores encontraron las ropas de Jesús impecablemente dobladas. Él echó del Templo a los cambistas; le dijo a los leprosos que fueran y se lavaran. Apocalipsis 22:14 dice: "Bienaventurados los que lavan sus ropas, para tener derecho al árbol de la vida y para entrar por las puertas en la ciudad". En Mateo 23:25, Jesús básicamente le dijo a los Fariseos: "Ustedes limpian el vaso y el plato por fuera; pero por dentro están llenos de avaricia y egoísmo". ¡Ay, Ay! A Jesús le importa sobre todo lo que está adentro. El Espíritu Santo le dijo a Samuel: "El hombre mira lo que está delante de sus ojos: pero Jehová mira el corazón" (I Samuel 16:7). David escribió en el Salmo 24:3-4: "¿Quién subirá al Monte de Jehová?... El limpio de manos y puro de corazón".

A menudo nuestro estándar de limpieza y el estándar de limpieza de Dios son muy diferentes. A veces las cosas pequeñas con las que aprendemos a vivir son totalmente inaceptables delante de Dios. Pero muchas veces no nos damos cuenta hasta que nos enfrentamos cara a cara con la luz de la Palabra de Dios. La Biblia nos dice al llegar, Su Palabra irradia luz (Salmo 119:130). ¡Una vez tenemos un encuentro con la verdad, entonces lo que antes era aceptable, ya deja de ser aceptable!

Yo tuve una experiencia hace poco que me cambió la vida. Una mujer que conozco muy bien y a quien conozco hace mucho tiempo, me dijo que quería encontrarse conmigo. Quería contarme de la nueva obra que el Espíritu Santo había hecho en su corazón. Ella me dijo que por años había tenido una acumulación de todo este sucio en su corazón en contra de otros, lo cual la había llevado a la depresión y alejamiento de todos. Dijo que Dios la confrontó y comenzó a tratar con ella asunto por asunto. Según confrontaba cada asunto y se arrepentía, se sentía más liviana y radiante. Ella me dijo: ¡María, no quiero jamás volver a encontrarme en esa condición! Mientras ella decía esas palabras, yo me sentí muy confrontada. Sabía que el Espíritu Santo estaba obrando en mi corazón. Repentinamente, sentí esta envidia "santa" creciendo dentro de mí. Pensé: "Ella está limpia y yo no". De hecho, ¡yo tenía un doctorado en "Ofenso-logía"!

Había dejado una mota de polvo en una esquina de mi corazón y necesitaba atacarla como si fuera un enemigo invadiendo mi corazón. No estaba siendo tan meticulosa con mi corazón como lo estaba siendo con mi casa. No estaba viviendo de acuerdo al estándar, o de acuerdo a la Palabra de Dios. El Espíritu Santo me retó a limpiar mi propio corazón. Desperté la siguiente mañana sintiendo un profundo gemido dentro de mi ser: ¡Un corazón limpio a cualquier costo! El Espíritu Santo me estaba retando, diciendo, "No quiero que seas una 'mujer de iglesia.' Quiero que seas una mujer de Dios. No quiero que seas una mujer que enseña la Palabra. Quiero que seas una mujer que vive lo que la Palabra enseña." La Palabra de Dios no puede prosperar en un corazón sucio, pero, gracias a Dios, tenemos Su Palabra para limpiar toda la basura que hemos permitido que se acumule.

Desde entonces he aprendido que mucho más importante que tener una casa limpia es tener un corazón limpio. No hay nada igual. Lo que voy a compartir contigo no es algo meramente interesante para leer ahora y olvidarlo luego. Es un estilo de vida. ¡Es tiempo para un lavado de cerebro!

Salomón, el hombre más sabio en la historia, pudo haber escogido cualquier cosa como lo más importante en la vida. Pero, inspirado por el Espíritu Santo, escribió las palabras de Proverbios 4:23: "Sobre toda cosa guardada, guarda tu corazón, porque de él mana la vida." *Sobre toda cosa…* Haz esto tu prioridad número uno: guardar tu corazón, porque de él fluyen todos los asuntos de la vida.

El Mensaje lo expone de la siguiente manera: "Mantén una vigilancia cuidadosa sobre tu corazón; ahí es donde comienza la vida". En otras palabras, Salomón está diciendo: "Si fracasas en esto, fracasarás en todo lo demás". Así de vital es el rol que juega tu corazón. Míralo de esta manera: igual que la tierra gira alrededor de su eje, nuestros corazones son el eje alrededor del cual gira todo en nuestras vidas. Es el verdadero centro del cual todas las ondas de energía emanan. ¡El corazón es donde se encuentra toda la acción!

Todo es filtrado por el lente del corazón. Es la fuente de todas nuestras percepciones y entendimiento; por lo tanto, lo más razonable es que el corazón sea quien dirija nuestra toma de decisiones. Se encuentra en el centro de nuestro ser. Toda experiencia pasa a través de nuestro corazón. Toda interacción se registra en nuestro corazón. El corazón está envuelto en toda faceta de nuestras vidas. Es el punto de entrada para todo lo bueno y lo malo. Es el asiento de nuestras emociones. Por eso es que la Palabra de Dios nos urge tan insistentemente que guardemos nuestros corazones. Debemos vigilar cuidadosamente nuestros corazones ya que ellos son nuestro dominio. El corazón es una ciudad, una metrópolis, un universo en sí mismo. Guerras se libran en el campo de batalla del corazón, y la victoria o la derrota se determinan en el corazón.

Miremos lo que las Escrituras tienen que decir acerca del corazón:

- Mateo 15:19 dice: "porque del corazón salen los malos pensamientos, los homicidios, los adulterios, las fornicaciones, los hurtos, los falsos testimonios, las blasfemias". Así que el pecado se concibe en el corazón. Es el cerebro dentro de tu corazón que genera estas conductas destructivas.
- Proverbios 12:25 dice: "La congoja en el corazón del hombre lo abate". La ansiedad en el corazón causa depresión. Los pensamientos de miedo almacenados en el corazón causan que el corazón se inunde de tristeza o se sienta pesado.
- Jeremías 17:9 dice: "Engañoso es el corazón más que todas las cosas, y perverso; ¿quién lo conocerá?" ¡Wow! Tú jamás podrás entender tu propio corazón y sus motivos.
- Mateo 12:34 dice: "Porque de la abundancia del corazón, habla la boca". Nuestro corazón tiene su propia voz. Nuestros labios simplemente dicen lo que nuestros corazones están pensando.
- Salmos 14:1 expresa: "Dice el necio en su corazón: No hay Dios". El Ateísmo es un problema del corazón.
- Salmos 34:18 nos dice que el corazón puede romperse. Gracias a Dios que Él puede sanar nuestros corazones rotos.
- 1 Juan 3:20 nos informa que nuestros corazones se pueden sentir condenados a veces. Pero, mirándolo del lado positivo, el corazón tiene la capacidad de ser puro. Mateo 5:8 dice: "Bienaventurados los de limpio corazón, porque ellos verán a Dios".
- El corazón es capaz de entrega total. Si no lo fuese, entonces Dios no nos ordenaría a amar a Dios con todo nuestro corazón.
- Nuestra primera experiencia con la salvación toma lugar en el corazón. Nosotros creemos en nuestro corazón y entonces confesamos con nuestra boca (Romanos 10:9).
- Salmos 119:11 dice, "En mi corazón he guardado tus dichos para no pecar contra ti". El corazón es un escondite, un almacén, o un cofre que guarda un gran tesoro.

Según discutimos anteriormente, el corazón tiene la capacidad de pensar. Proverbios 23:7 dice que según es el pensamiento en el corazón de un hombre, tal es él. No dice "según un hombre piensa en su mente;" no, ¡dice que es según un hombre piensa en su corazón! Por eso es que debemos diligentemente vigilar nuestros corazones, porque, según dije en el capítulo 2, el corazón tiene su propio cerebro.

¡Por lo tanto, realmente vivimos de adentro hacia afuera! Es hora de lavar adentro del vaso. ¡Es tiempo para un *lavado de cerebro*!

El Arma Preferida de Satanás

Por lo tanto, debido a que el corazón es una parte tan vital para nuestro bienestar espiritual y emocional, existe un enemigo que quiere ser parte de la acción. Él quiere su lugar; pero Efesios 4:27 dice, "ni deis lugar al diablo". Nosotros los creyentes necesitamos aguzarnos y hacer todo lo posible para mantener nuestros corazones como una zona libre de toda suciedad, porque no queremos que el enemigo establezca su base de operaciones en el territorio de Cristo. Satanás quiere controlar el epicentro de nuestra vida para hacerlo girar fuera de control. Su arma preferida para poner nuestras vidas en la trayectoria incorrecta es el arma de la Ofensa.

Esta arma recibe el premio mayor por ser la más exitosa en trastornar el pueblo de Dios. Es la que ha detenido a tantos del pueblo de Dios. Es la causa número uno de que cristianos estén siendo derribados y sacados fuera de combate – todo porque sus corazones fueron dejados desprotegidos y la Ofensa se arraigó.

En Mateo 18:21-35 Pedro le pregunta a Jesús si es suficiente perdonar un hermano o hermana que pecare contra él siete veces. Bajo el requisito de la ley, los rabinos enseñaban que la gente debería perdonar solamente tres veces. Pedro pensaba que se estaba yendo muy por encima de la ley al sugerir que perdonásemos siete veces. (Me pregunto si alguno de los otros discípulos le estaba causando estrés a Pedro. Después de todo, ellos viajaban mucho juntos y fueron puestos en situaciones muy estresantes en al menos algunos momentos.) Bueno, justo cuando nosotros pensamos que lo tenemos todo controlado, organizado y muy bien empacado, Jesús siempre nos muestra un camino más excelente (como por ejemplo, poner la otra mejilla, y caminar una milla extra).

Jesús le contesta a Pedro, "No, Pedro, siete veces no es ni remotamente suficiente". Ese número es casi un chiste, comparado con el número que Jesús tenía en mente. ¡Él le dijo a Pedro que debemos perdonar setenta veces siete! El punto no era el número. Jesús no les estaba diciendo que una vez tú hayas perdonado una persona 490 veces, ya se acabó y te puedes lavar las manos. ¡No! La lección que Jesús estaba tratando de enseñarles era que tenemos que perdonar a esa persona tantas veces como sea necesario mientras necesite nuestro perdón, así como hemos sido perdonados – puestos en libertad – por nuestra deuda y podemos caminar libre de culpa, sin deber nada. Hacer menos que eso comprometería seriamente la condición de nuestros corazones y la condición de los corazones de las personas que necesitan nuestro perdón. Significaría además que nuestros corazones se convertirían en tierra fértil para que el enemigo cause división entre aquellos que Dios ama.

En Mateo 18, Jesús cuenta una parábola que claramente muestra que todos nosotros debemos una enorme deuda que nunca podríamos pagar. Esa deuda hubiera sido impuesta además sobre nuestra familia y todo lo que tenemos. En la parábola, un rey misericordioso al cual le debían una grande suma de dinero, desea arreglar cuentas; así que decide hacer borrón y cuenta nueva para permitirles al deudor y su familia salir libre de deudas con todas sus posesiones. El único requisito que este misericordioso rey tenía era que este deudor debía hacer lo mismo con sus deudores. Él debía hacer con otros así como fue hecho con él.

La parábola continúa contando que alguien le debía al deudor perdonado una cantidad mucho menor, pero este hombre orgulloso no se dio cuenta de lo que había sido hecho por él. Este hombre representa personas como nosotros, que frecuentemente sufrimos de amnesia espiritual y nos aferramos a las ofensas porque queremos que el ofensor pague por el mal que nos ha hecho, cualquiera que sea. De alguna manera sentimos que nosotros merecemos perdón, pero que otros no merecen el mismo trato.

Este tipo de actitud no va de acuerdo con nuestro misericordioso Jesús. En la parábola, Jesús está más molesto con el deudor perdonado que no quiso perdonar la persona que le debía dinero. El hombre que ofendió al deudor perdonado suplicó, igual que el deudor perdonado le había suplicado al rey misericordioso, pero el deudor perdonado no lo quiso perdonar. ¡Increíble! El deudor perdonado solamente estaba mirando lo que le debían en vez de lo que él le debía a su consiervo. Él le debía a su consiervo la misma misericordia que le fue mostrada a él.

La única manera en que el rey misericordioso podía enseñarle una lección al deudor ingrato era encarcelarlo para que fuera torturado hasta que pagase todo lo que debía. ¿Sería posible que tal vez lo único que debía fuera simplemente perdonar la deuda de su consiervo? ¿Tal vez su deuda era solamente liberar al otro de toda deuda así como él había sido liberado?

La realidad es que, hasta que perdonemos totalmente, todos estamos atados por dentro, torturados y aprisionados. Es igualmente cierto que cuando perdonamos, somos libres de la prisión interna de nuestra auto-justificación, venganza, y calumnia. Jesús dijo que la única manera de perdonar es *del corazón* (Mateo 18:35). Sí, *del corazón, no de la cabeza*. En Mateo 18:35 Jesús dijo que así es como Su Padre perdona – es perdón que viene del corazón, no de la cabeza. Cuando perdonamos en nuestra cabeza y no en nuestro corazón, las viejas emociones que nacen en nuestro corazón por haber sido lastimados continúan dominando sobre los pensamientos en nuestra mente que nos dicen que es absolutamente correcto perdonar.

Pero nuestras mentes realmente tienen muy poco poder para perdonar. Una vez perdonamos *de corazón* el panorama completo de nuestro ser cambia. Ahora los pensamientos que se infiltraron en nuestras mentes no encuentran un lugar donde permanecer porque nuestro corazón se ha derretido por el conocimiento de que nosotros, de ninguna forma o manera, merecemos ser perdonados; ni somos dignos de recibir Sus misericordias, que son nuevas cada mañana. También sabemos por el Padre Nuestro que, a menos que perdonemos, no seremos perdonados. ¡Es tan sencillo como eso!

Jesús, sabiendo cuan mortal es aferrarnos a una ofensa, nos dice en Mateo 5:23-24, "Por tanto, si traes tu ofrenda al altar, *y allí te acuerdas de que tu hermano tiene algo contra ti*, deja allí tu ofrenda delante del altar, y anda, reconcíliate primero con tu hermano, y entonces ven y presenta tu ofrenda". Notemos que no dice "si tú tienes algo contra tu hermano," tampoco dice que está bien perdonarlo cuando tengas una oportunidad. No, Él dijo que dejaras tu ofrenda *ahí* en el altar y que *vayas y te reconcilies* con tu hermano *inmediatamente* – o sea, YA – y entonces regreses y presentes tu ofrenda.

Jesús les está pidiendo a sus discípulos que tomen la iniciativa en el proceso de reconciliación – sin importar si tienen la culpa o no. No somos solamente guardianes de nuestros propios corazones, sino que también Dios quiere que, en tanto que sea posible, mantengamos los corazones de nuestros hermanos y hermanas libres de toda suciedad. ¡Verdaderamente eres el guarda de tu hermano! Ese es el estándar de Dios.

Se Rápido Enmendando Asperezas

Podría decirte cuál es el estándar de la iglesia, pero permíteme hacerlo más personal. Déjame decirte lo que desafortunadamente ha sido mi estándar en los pasados años. Permíteme pintarte un cuadro.

Estoy en el medio de una adoración intensa y apasionada con el Señor – lágrimas rodando por mis mejillas, brazos levantados – y ahí recuerdo que una cierta persona ha estado actuando diferente conmigo últimamente. Pienso (en mi corazón, claro está.) y me pregunto ¿qué le estará pasando a la Hermana Fulana? ¿Qué se creerá? ¿Por qué estará actuando tan distante y rara conmigo? Bueno, ese es su problema…" Mientras continúo cantando "Yo me rindo a Él" a toda voz. Ah, ahí apareció la mota de polvo, todo porque no hice las cosas de acuerdo al estándar, o de acuerdo a la Palabra de Dios. En vez de correr a removerla tan pronto me di cuenta de que había aparecido una mota, hice lo que tantos otros habían estado haciendo por siglos. La escondí debajo de la alfombra, y simplemente siguió colectando más y más polvo en mi corazón con el pasar del tiempo.

Yo frecuentaba el mismo templo que ella, adorando al mismo Dios, pero me aseguraba de nunca sentarme en el mismo lado de la iglesia que ella. Yo también sabía qué pasillo de la iglesia utilizaba y por qué puerta salía, así que me mantenía lejos de esas áreas para evitarme cualquier melodrama. Entonces un día sucedió lo inevitable: nuestros caminos se cruzaron. Inmediatamente actuamos como si no nos hubiésemos visto y evitamos cualquier contacto visual.

Resulta ser que yo estaba con una de mis mejores amigas, y aparentemente la alfombra no toleraba una mota de polvo más. Brotó de mis labios algo como, "Yo no sé por qué, pero yo creo que no le caigo bien a la Hermana Fulana". Ahí estaba – ya la mota de polvo se había convertido en una bola de nieve. Ahora otra persona se convirtió en parte de una situación que definitivamente pudo haber sido evitada. Por supuesto, mi amiga se lo dijo a otra amiga, y la lista de personas envueltas en el conflicto siguió creciendo. En ese punto, lo que comenzó como una pequeña grieta, se convirtió en una división de grupos separados, lo cual es totalmente opuesto a la voluntad de Dios para Su pueblo.

¿No dice en el Salmo 133 que donde hay unidad es donde envía Jehová bendición? ¿No dice cuán bueno y cuan delicioso es habitar los hermanos juntos en armonía? La unidad en el pueblo de Cristo, tanto el cuerpo local como el cuerpo universal de creyentes, es muy preciosa y debe ser protegida a toda costa. La unidad causa que la unción fluya del cielo hacia la congregación. La unidad es el catalítico para el avivamiento. La unidad nos entrelaza tan fuertemente que el enemigo no puede colarse en nuestro medio y destruir nuestra comunión. La verdadera comunión es tan deliciosa y encantadora. Basta decir que la división no permite que nuestra visita a la casa de Dios sea agradable, porque la presencia de Dios no se siente como debe ser.

¿Será posible que la división sea tan discordante que ni siquiera el Espíritu Santo quiere estar cerca de ella? ¿Será posible que esa pequeña mota de polvo que fue ignorada pueda convertirse en una bola de nieve eventualmente responsable por la disolución de la presencia de Dios en medio nuestro? Si atesoramos el mover del Espíritu Santo, entonces tenemos que intencionalmente guardar la unidad de los hermanos a *todo costo*.

Verás, cuando hacemos las cosas a la manera de Dios, matamos dos egos de una sola pedrada. Hacer las cosas a la manera de Dios mantiene a ambas partes alineadas con Su Palabra. Cuando no hacemos caso a la Palabra de Dios, estamos probablemente "caminando en orgullo" en vez de "caminando en el Espíritu". La Biblia dice en Efesios 4:3 que seamos, "solícitos en guardar la unidad del Espíritu en el vínculo de la paz". Pablo lo categoriza como un esfuerzo de nuestra parte, lo cual significa que no es fácil. También explica que el Espíritu Santo trae la unidad, pero es nuestra responsabilidad mantenerla. La mantenemos a través del vínculo de la paz, o como *El Mensaje*, lo explica, debemos "ser rápidos en reparar las verjas".

Deberíamos ser fanáticos en lo relacionado a nuestra unidad. Jesús ciertamente fue apasionado acerca de ella. Su última oración antes de ser llevado al Calvario por nuestros pecados fue, "que todos sean uno; como tú, oh Padre, en mí y yo en ti, que también ellos sean uno en nosotros; para que el mundo crea que tú me enviaste" (Juan 17:21). Aquí Jesús está orando, "Padre, conviértelos en un frente unido". La unidad es tangible a los sentidos; donde hay unidad hay paz y orden. La división también es tangible, pero es muy desagradable.

Recientemente, mi esposo fue invitado a ser parte de la Noche de Esperanza en el Yankee Stadium, donde los pastores Joel y Victoria Osteen hablaron a 55,000 personas. Mi esposo y doce otros pastores se subieron a esta gran plataforma y a cada uno se le dio una declaración de esperanza para dirigirse sobre un tema o tópico en particular. A mi esposo se le pidió que pronunciara esperanza sobre nuestro gobierno y nuestra nación. Dijo que la presencia de Dios en esa plataforma era impresionante. Todos esos pastores se unieron de diferentes denominaciones, y a pesar de que tenían diferentes estilos de adoración y de liderato, dejaron sus diferencias a un lado para exaltar y servir el mismo Dios. Mi esposo decía que se podía sentir la unidad y el poder que venía de ese frente unido.

¡Impresionante! ¿Ahora puedes ver por qué el enemigo nos quiere poner unos en contra de otros? ¿Puedes ver por qué el enemigo ha causado división y discordia entre las denominaciones? ¿Puedes ver cómo nos convertimos en nada más que piezas de ajedrez en las manos del enemigo cuando no hacemos las cosas a la manera de Dios? Espero que ahora puedas ver que las pequeñas discusiones que enfrentamos día a día realmente tienen muy poco que ver con nosotros y son realmente un intento del enemigo para prevenirle al Espíritu Santo que se haga presente y manifieste Su poder. Si queremos evitar que el enemigo tenga éxito en esto, tenemos que llevar los pensamientos en nuestro corazón a que se pongan en la misma onda que Aquel que vive dentro de nuestros corazones. Tenemos que permitir que sea Él quien corra nuestra vida.

Oremos

Señor, por favor permite que mi corazón se coloque en línea con Tu Palabra. Por favor permite que mi corazón sea humillado en Tu presencia, conociendo que según Tú me perdonas a mí, yo tengo que rápidamente perdonar a otros. Por favor evita que mi corazón sea un lugar donde el enemigo pueda establecer su base de operaciones. Por el contrario, que mi corazón sea la base de operaciones del Espíritu Santo para desmantelar la división en el cuerpo de Cristo con mi amor y amabilidad hacia otros. Enséñame lo que realmente significa perdonar de corazón. Quiero que mi corazón sea agradable ante Tus ojos, querido Señor. En el nombre de Jesús. Amén.

CAPITULO 7 – INFARTA DEL CORAZÓN

Nadie, absolutamente nadie, está exento de ser ofendido. ¿Se acuerda de Juan el Bautista? Estarás pensando, "De seguro el no. Alguien que come langosta y miel, y se viste con piel de camello, seguramente está muy pasado del punto de estar ofendido. ¡El sí que era un tipo que estaba comprometido – un magna cum laude en sala de religiosos de excelencia, por lo que a mí me respecta!" ¡Pero desafortunadamente el ofenderse le puede pasar al mejor de los mejores!

En Mateo 11:2-3 la Biblia dice que cuando Juan estaba en prisión, el escucho de las cosas que hacia Jesús, y el envió a sus discípulos a preguntarle, ¿Eres tu aquel que había de venir o esperamos a otro? ¿Te puede imaginar tal cosa? Juan, que vio La paloma descender sobre la cabeza de Jesús y simultáneamente escucho un a voz decir, "Este es mi Hijo amado, en quien yo tengo complacencia," y ahora no está seguro de que Jesús es el Mesías prometido. El tuvo un momento de duda y lo demostró al enviar a sus discípulos a cuestionar a Jesús.

Ahora, yo pienso que si yo veo una paloma descender sobre Jesús y escuchaba una voz del cielo diciendo que Jesús es su Hijo amado, eso es lo único que yo necesito para ser convencida. Pero cuando Dios no hace lo que esperamos que El haga por nosotros, en el presente, en nuestras circunstancias presente, la duda puede colarse y podemos comenzar a cuestionar la soberanía de Dios. Yo creo que fue esto lo que le paso a Juan. El estaba en la prisión, en Isaías 61 claramente dice; que el Mesías vino a libertar a los cautivos. ¿Por qué Jesús no estaba libertando a Juan? Después de todo el llenaba los criterios. ¡El estaba en prisión, el estaba haciendo la voluntad de Dios, y era primo de Jesús para completar!

Yo me pregunto si el encarcelamiento de Juan afecto a sus padres, Elizabeth y Zacarías. Me pregunto si pudo haber causado distanciamiento entre ellos y los primos María y José. Tal vez esa es la razón que Jesús dijo en Lucas 7:23, "Bienaventurado es aquel que no halle tropiezo en mi".

¿Cuantas veces te has sentido ofendido por lo que Dios ha permitidos que pase en nuestras vidas o por lo que El no permite que ocurra a nosotros? Expectativas fallidas y desilusiones son una gran fuente de ofensa.

En Lucas 17:1 Jesús está teniendo una conversación con sus discípulos – su gente. Él le esta advirtiendo de los evento que pueden ocurrir en cualquier día y que tienen el potencial de hacerlos tropezar. El quiere prepararlos para que sepan cómo manejar estas situaciones cuando ocurran. Noten que dije *cuando* ocurran y no si tal vez ocurren.

Por favor permítame por un momento parafrasear y enfatizar Lucas

17:1 un poco. Jesús le está diciendo, "Escuchen muchachos, es simplemente impensable que puedan vivir esta vida sin ser ofendidos – a menos que vivan en la Montaña Kilimanjaro o en una cueva o en una casa completamente solos y nunca conteste la puerta ni el teléfono. Esto es definitivo. De esto estoy seguro. Las ofensas llegarán. Muchachos, aquí tienen un poco mas de mala noticias, no solo es inevitable, es que también le pasara a menudo. Y si eso no fuera lo suficientemente malo, esto ocurrirá entre hermanos y hermanas, personas allegadas a ti en la iglesia y en la comunidad. Y para añadirle sal a la herida, Dios lo va a permitir."

Jesús no dice, "La ofensa vendrá, pero no te preocupes; Yo te protegeré". Ni tampoco dice, "La ofensa vendrá, pero *no* a mi gente". *¡No!* La frustración de la ofensa es de igualdad de oportunidad para todos. La buena noticia es que Dios también da igualdad de oportunidades de defensas sobrenaturales en contra de las ofensas.

Como manejamos ofensas es él como prueba nuestra madurez espiritual. Parece que en Juan 17:1 donde Jesús está diciendo que la ofensa viene sin advertencia, parecidos a un infarto del corazón. Si, precisamente eso el lo que es la ofensa – ¡un ataqué al corazón!

La palabra *ofensa* viene de la Griega *skandalon*, que es de donde sacamos la palabra *escándalo* o *escandaloso*. Pareciera que esta insinuando algo malvado, premeditado y engañoso. Como si fuera poco, *skandalon* también se define como un pequeño pedazo de madera que mantiene la puerta, de la trampa de la jaula, abierta. La carnada específica es puesta de acuerdo objetivo deseado, por ejemplo seria queso si es para un ratón o nueces para una ardilla. La carnada es usada para atraer la victima correcta. El objetivo que accidentalmente toque el *skandalon*, o el pedazo de madera o "un escollo" y de repente se cierran la puerta y queda atrapada la victima adentro.[1]

¿Piensas que está seguro decir que la ofensa es una trampa, para atraernos, donde luego tropezamos con el pedazo de madera que no vimos, atrapándonos en una jaula de emociones negativas? La meta del enemigo es atraparnos en amargura y sentimientos. Si nosotros permitimos que seamos atrapados por la ofensa, el enemigo nos tendrán exactamente donde él quiere. Luego, por estar atrapados, no podemos ver mas allá de donde la jaula nos permite, y tendremos que alimentarnos con lo que se nos dio a comer.

Cuando no se trabaja los de la ofensa correctamente, el ofendido usualmente se convierte en el ofensor. El mordido se convierte en el mordedor. Por eso es que Jesús dice en Lucas 17:3, "Mirad vosotros mismos". El está diciendo "Guarda tu corazón y no te preocupes de los ofensores, yo me hago cargo de ellos". Después de todo, Jesús dice en Lucas 17:1, "mas hay de aquel por quien (la ofensa) vienen". Pero, por favor acuérdense que cada uno tiene que mantener un corazón limpio a todo costo. Si piensas que es malo ser herido por alguien que amas, espera a que veas lo que te hace la amargura y el resentimiento.

La ofensa no solo destruirá tu paz, pero también cambiara por completo quien tu eres. Afectara e infectara tu unción. La ofensa es como tener una sanguijuela dentro de tu corazón, succionara tu unción y propósito y drenara todas tus fuerzas y creatividad. Hablando de experiencia propia, te puedo decir que si permites que la ofensa contamine tu corazón, cada palabra que hables y cada decisión que tomes serán filtradas por un lente de ofensa. Mantén tu corazón limpio, porque las decisiones de tu vida están en riesgo.

Destruido Por La Ofensa

Proverbios 18:19 dice, "El hermano ofendido es más tenaz que una ciudad fuerte". En otras palabras, es más fácil entrar a una ciudad barricada con barreras y guardias armados que alcanzar a una persona ofendida. Veamos atraves de la Biblia como el mantener una ofensa cambio el plan de Dios en tantas personas. Estos individuos tenían gran potencial para cambiar su alrededor, pero terminaron causando gran destrucción, todo por la ofensa.

Absalón

Segunda de Samuel 13 nos habla de la historia de la caída Absalón en una trampa de ofensa. ¡Su medio hermano Amón violo a su hermana Tamar, y su padre David no hizo *nada*! Una ofensa profunda viene cuando nos sentimos desprotegidos por nuestros padres o por las personas que se supone que nos protejan. Desde el día que Amón violo a Tamar, Absalón no se volvió a mover. Se quedo estancado en la tierra de ofensa. El tenía un gran potencial para ser una gran influencia, pero termino siendo el causante de gran división y caos en el reino de su padre. Es importante también notar que ¡*Absalón fue accidentalmente ahorcado*! (ver 2 Samuel 18:9-10.)

Ahitofel

Segunda de Samuel 16 nos cuenta la historia de Ahitofel, quien fue el consejero mas allegado de David. La Biblia dice que él hablaba como el oráculo de Dios. Algunos comentaristas creen que Ahitofel eran el abuelo de Urías esposo de Betsabé. David se acostó con Betsabé mientras Urías estaba en la guerra, y Betsabé quedo embarazada. Para encubrir lo ocurrido, David hizo que Urías muriera en la guerra. Una profunda ofensa viene cuando nuestro rey, nuestro pastor, o nuestro líder no practican lo que predica. Después que Urías fue matado, Ahitofel se unió a Absalón, que en cambio se rebeló en contra de su padre. ¿Acaso no es increíble como las personas ofendidas se unen? Ahitofel, fue en un momento el oráculo de Dios, y luego se convirtió en la boca de Satanás. ¡Es importante notar que

Ahitofel se ahorco! (2 Samuel 1:23)

Judas

Al principio de Juan 12, faltan seis días para las Pascuas y Jesús es invitado para que sea el invitado de honor al hogar de Marta, María y Lázaro. Se va llevar a cabo una gran celebración porque Lázaro el que había estado muerto, había resucitado de los muertos, y Jesús trajo a sus discípulos. Durante la cena, María inesperadamente saca una pinta de nardo puro, con el valor del sueldo de un año, y ungió los pies de Jesús. La Biblia dice que Judas se indigno. El se ofendió por la acciones de María.

¿Por qué la acción de María, de ungir los pies de Jesús, ofendería a Judas? Bueno, tuve que pensar en esto por largo rato, y de repente caí en cuenta: Judas era el tesorero. El estaba a cargo de todo lo que tenía valor – ¡todo el mundo sabía eso! El constantemente cargaba una talega de dinero a su lado. ¡El ser el tesorero era su identidad! Como se atreve esta María, esta mujer, esta mujer que ni siquiera era un apóstol, ¡y fue directamente a Jesús! Que atrevida, ni le pidió permiso a Judas, ¡ni su opinión, de cómo se gastaría el ungüento tan costoso!

Las acciones de María no se seguían la línea de protocolo, y creo que el orgullo de Judas fue lastimado. El no se encontraba en una trampa de ofensa, pero lo disimulo en una cubierta espiritual, como solemos hacer. (ver 5) Entonces Jesús le respondió con las palabras que estrello la puerta de la jaula: "Déjala". "Lo que ella hizo fue ordenado por Dios". *¡Increíble!* - Eso es lo último que quieres oír cuando estas ofendido.

La ofensa profunda viene cuando nos sentimos como que nos faltó el respeto. ¿Cuántas veces te has sentido ofendido por las acciones de nuestro equipo del ministerio? Tal vez nosotros fuimos pasados por alto o sobrepasados. Tal vez a otra persona le toco cantar él solo. Tal vez a otro hermano se le pidió que fuera parte del equipo ejecutivo. Tal vez todo el trabajo que hiciste no fue reconocido en los anuncios, pero a otra hermana le dieron mucho reconocimiento, y total ella solo preparo un bizcocho "bundt". ¿Qué puede ser tan difícil en hacer un biscocho con un hueco en el medio? Ten cuidado de no permitir que el orgullo y la necesidad de reconocimiento te atrapen en la jaula de la ofensa. ¡Créeme, cuando hacemos cualquier cosa para reconocimiento, el Espíritu Santo se va asegurar que no recibamos ninguna!

En el próximo capítulo veremos como el ofendido se convierte en el ofendedor, tal y como Absalón y Ahitofel lo hicieron. Pero por ahora, veamos como el enemigo, utilizo la ofensa para atrapar a Judas. La Biblia dice que el diablo puso en el *corazón* de Judas – el *corazón expuesto* de Judas – el pensamiento de traicionar a Jesús. Vemos ahora que el diablo se ha llevado a Judas cautivo para hacer su voluntad. Luego, Judas traiciona a Cristo, traiciona su llamado, pierde su unción y se *ahorca*. (Mateo 27:5)

Manteniéndote colgado a ofensas es un suicidio espiritual. Manteniéndote colgado a la ofensa evita que el Espíritu de Dios obre en nosotros, ¡e impide que Su Espíritu se mueva a beneficio nuestro! Judas al fin recibió el reconocimiento que él quería de los mugrientos líderes religiosos, pero en cuanto recibió lo que él quería, se dio de cuenta lo vacío que estaba. El buscaba reconocimiento de la fuente equivocada.

El Árbol Sicómoro

Regresemos a la conversación que Jesús estaba teniendo en Lucas 17. En los versículos 4 y 5, Jesús le dice a Sus discípulos que no importa cuántas veces ellos hayan sido ofendidos, tienen que continuar perdonando. Después de que Jesús dice esto, los discípulos claman, ¡Ayúdanos! ¡Aumenta nuestra fe! Esta es la única vez que ellos piden que su fe sea aumentada. Creo que es porque se dan cuenta de que es más fácil resucitar a los muertos que perdonar cuando has sido ofendido.

La prueba más difícil que vas a enfrentar como cristiano es cuando traten de tomar ventaja de ti, pasarte por alto, o acusarte falsamente. Jesús le dijo a Sus discípulos que ellos no necesitaban más fe; solo necesitaban fe genuina (v.6). Podía ser tan pequeña como un grano de mostaza, pero su fe tenía que ser genuina. Para mí, la "fe genuina" es anhelar la voluntad de Dios por encima de lo que mis sentimientos dictaminen. Aquí está la clave: Si genuinamente deseas ser libre de toda ofensa, puedes levantarte, en autoridad, y ordenarle a esa ofensa arraigada profundamente en tu corazón que sea desarraigada.

En el versículo 6, Jesús presenta un paralelismo al árbol sicómoro. ¿Será una coincidencia que comienza la conversación en Lucas 17 hablando de *skandalon*, comparando la ofensa a un modesto y pequeño bloque de madera, y termina la conversación hablando de uno de los árboles más grandes y pesados que había en esa época? ¡Esa pequeña ofensa termina convirtiéndose en algo masivo!

¿No es así como trabaja el enemigo? Logra meter su pie en la puerta, y antes de que te des cuenta, ya tomó posesión del lugar. Se abre la puerta por una pequeña ofensa, luego se hace difícil de cerrar, y entonces de repente parece que el enemigo tiene en sus manos el panel de control de tu vida. Al no estar ya bajo la dirección del Espíritu Santo, eres arrastrado hacia argumentos mentales y conversaciones que nublan tu juicio.

El árbol sicómoro no fue escogido al azar. Era de conocimiento público que tenía el sistema de raíces más complicado. Los Rabinos creían que tomaría seiscientos años desenredar sus raíces. Seiscientos años era la expectativa de vida del árbol. Imagínate eso. ¡Tomaría seis o siete vidas desenredar sus raíces!

¡Asombroso! Este árbol era tan inusual porque crecía y prosperaba mejor

en condiciones secas. El árbol sicómoro producía los higos más amargos, y su madera era usada para fabricar ataúdes. Jesús sabía que cuando no trabajamos con una ofensa, tiene el mismo potencial que tiene ese árbol. Es pesado, masivo, y complicado. Una ofensa puede vivir más años que todos nosotros y puede pasarse de generación en generación. Las raíces de una ofensa enredan cada área de nuestras vidas, y son sumamente difíciles de sacar. Cuando hemos sido ofendidos, prosperamos en la sequedad, producimos fruto amargo, y nos rodea la muerte. Yo creo que Jesús quería que Sus discípulos supieran, "Más vale que arreglen algo pequeño antes de que se convierta en algo mucho mayor".

Hablando de mi propia experiencia, te puedo decir que una vez tu corazón está libre de ofensa, no se puede dejar al descubierto. Sólo hay otro bloque de madera, sólo hay un árbol que puede guardar el corazón y mantenerlo libre de ofensa. Sólo hay otro árbol masivo y pesado que puede contrarrestar el masivo y pesado árbol de la ofensa y es ¡el *madero del Calvario!* Este madero nos rodea con vida en vez de muerte. Es el árbol que resucita en vez de enterrar. Rompe las maldiciones generacionales en vez de causarlas. Causa que nuestro fruto sea dulce en vez de amargo. Este árbol nos planta en el terreno del perdón.

Cuando el madero del Calvario está en el centro de nuestras vidas, se vuelve imposible aferrarse a una ofensa porque el inocente Cordero de Dios colgó de un áspero bloque de madera. Lo hizo voluntariamente por ti y por mí. Si contrastamos lo que fue hecho por nosotros con lo que nos ha sido hecho a nosotros, la ofensa no se compara con la deuda que Jesús pagó por nosotros para cancelar la suma total de todos nuestros pecados. Tenemos hoy una decisión que tomar: perdonar y soltar esa ofensa, o ¡aferrarnos y permitirle que crezca! Cuando se nos olvida lo que Jesús hizo por nosotros al *colgar* de esa cruz, nos aferramos a la ofensa, y el resto de nuestras vidas queda *colgando* en la balanza.

Permíteme terminar este capítulo vital con un sueño que tuve que me cambió la vida por completo. Hace unos años había dos mujeres en mi iglesia a las que amaba profundamente y las consideraba amigas cercanas, aun hermanas. Estas mujeres terminaron uniéndose para criticar nuestra iglesia – la iglesia que yo sé que amaban y de la cual eran parte vital – causando división. Esto me dejó devastada, y sentí miedo de confiar en las personas. Estaba atrapada. La puerta de la jaula se había cerrado, y todo lo que yo decía y hacía era hecho a través del lente de la ofensa. ¡Yo necesitaba un lavado de cerebro!

En el sueño, yo estaba teniendo una pelea a los puños a todo dar con una de estas mujeres. Esta era la manera en que yo resolvía las cosas antes de convertirme (¡bueno, y también por algún tiempo después de convertida!) Claro, porque era un sueño, yo estaba ganando la pelea. La tenía acorralada contra la pared, golpeándola y halándole el pelo. Cuando la tumbé finalmente al suelo, comencé a gritar, ¡Estoy ganando! ¡Estoy ganando! Justo en ese momento, escucho claramente al Espíritu Santo hablarme. Me dijo, ¿Realmente estás ganando, María? Entonces me dijo, "No despiertes hasta que estés imponiendo manos sobre ella, orando por ella, y bendiciéndola".

Me pareció como si hubiese estado muchísimas horas más durmiendo. Yo simplemente no podía hacer que mi boca dijera las palabras. No quería bendecirla y que se saliera con la suya. Finalmente comencé a imponerle las manos de la manera correcta, y comencé a orar para que recibiera bendición. Mientras más oraba por bendiciones para ella, más me sentía liberada. ¡La puerta de la jaula se abrió y yo estaba *libre!* Cuando desperté, me di cuenta que ese era un pequeño precio a pagar por mi libertad. Me levanté y preparé una lista de todas las personas contra las cuales tenía algo en mi corazón. Lo convertí en mi práctica diaria orar por bendición en sus vidas cada día hasta que no quedara nada en mi corazón contra ellos. Estaba limpia – perfectamente limpia.

Las palabras de Jesús son realmente el camino de salida. Él dijo que oráramos por nuestros enemigos y bendijéramos a aquellos que nos maltratan y maldicen (Mateo 5:44). Cada vez que leía eso, yo no podía hacerlo exactamente a Su modo. Yo oraba por ellos, pero en mi corazón ofendido, en realidad estaba diciendo que ojalá los atropelle un carro o algo igual de siniestro. No es que yo quisiera que se murieran - ¡yo era demasiado espiritual como para eso! Yo solamente quería que ellos sintieran dolor, así como yo estaba sintiendo dolor. Cuando aprendí que el perdón no es sólo para aquel que necesita ser perdonado, sino que probablemente es más necesario para el que necesita perdonar, no podía ver cómo era posible que eso fuera cierto. ¡Ahora sé que perdonar es verdaderamente un asunto de vida o muerte, éxito o fracaso!

Damas y caballeros, si quieren perder peso, *perdonen* de todo corazón - ¡Te sentirás tan liviano como si pesaras cien libras menos! Tu corazón que está agrandado porque está lleno de odio y venganza, ahora estará lleno de amor y gracia hacia otros. Qué increíble manera de perder peso. Además, si quieres desarrollar tus músculos espirituales, haz resistencia y ¡*perdona la más grande ofensa!* Esta es la verdadera prueba de nuestra madurez espiritual y el desarrollo de nuestro carácter. El desarrollo de los músculos no sucede "de la noche a la mañana;" tienes que escoger las pesas que hagan que el músculo se fatigue. Trabajar con esos "asuntos pesados" del corazón es lo que nos hace crecer y causa que nos convirtamos en gigantes maduros de la fe.

¿Qué tal tú? ¿Es hora de que tu corazón sea lavado? ¿Dirías, "Señor, dame un *lavado de cerebro* en mi corazón"? Yo espero que sí. ¡Estás a sólo dieciocho pulgadas de llegar a la estatura de las personas que Dios pone en las grandes ligas!

Oremos

Querido Señor, quiero ser todo lo que Tú me has llamado a ser, y ciertamente no quiero que mi unción sea infectada con la enfermedad de la ofens-itis. No quiero vivir en el país de la ofensa, pero quiero vivir en el país de los vivos. Quiero que mis pies puedan escalar a las alturas así como mi corazón es liberado para volar. Así que suelto todo peso que ha mantenido mi corazón apesadumbrado, uno a uno. Libera Tu sierva, Señor. Que sea hecho en mi vida conforme a Tu Palabra, y que Tu reino descienda y estalle en mi corazón aquí en la tierra, así como es hecho en el cielo. En el nombre de Jesús, amén.

CAPITULO 8 – LAS COMPLICACIONES... ¿ALGÚN DÍA SE IRÁN?

No hace mucho tiempo, el mundo lloró la muerte prematura de Whitney Houston. Fue trágica. Los medios se enfocaron en su ascenso a la fama y su caída del pináculo de la grandeza. Ella era una de las más hermosas, dotadas, y elegantes cantantes de su tiempo, pero luchó contra la adicción por muchos años.

Muchos le han echado la culpa por su muerte a las drogas, porque fue encontrada muerta por una sobredosis de droga. Pero, ¿fueron realmente las drogas su caída, o el abuso de drogas fue causado por algo mucho más profundo?

¿Qué pudo haber derribado esta mujer que fue criada en los caminos del Señor y que conocía la Palabra de Dios? ¿Qué pudo haber destruido su espíritu? Yo estaba obsesionada con la televisión los días luego de su muerte, igual que el resto del mundo. Escuché atentamente cada entrevista, cada amigo y familiar que hablaba de su vida. En cada entrevista que repetían, estudié sus expresiones faciales y sus ojos, que son las ventanas del alma. Quería saber qué fue lo que derribó esta magnífica intérprete.

Para ese mismo tiempo, estaba viendo una entrevista con Lady Gaga que se estaba llevando a cabo en el *Madison Square Garden*, donde ella iba a cantar. Las cámaras registraban los miles de personas que desfilaban hacia el lugar para escucharla cantar. Pero, en su camerino, Lady Gaga lloraba mientras le decía al entrevistador que ella a veces se siente como una perdedora.

"Es algo loco, porque estoy en el *Garden*, pero a veces todavía me siento como una niña perdedora en escuela superior," dijo. "Yo simplemente tengo que.... levantarme y animarme a mí misma y decirme que soy una súper estrella todas las mañanas para poder sobrevivir este día y ser para mis fanáticos lo que ellos necesitan que yo sea... Yo solamente quiero ser una reina para ellos, y a veces no me siento como una".[1]

Mientras las cámaras se enfocaban en su rostro, podías ver claramente el dolor profundo en sus ojos. Era la misma mirada que vi en los ojos de Whitney. De hecho, era la misma mirada que he visto en los ojos de miles y miles de mujeres. Desafortunadamente, es la misma mirada que he visto en mis propios ojos mirándome de vuelta en el espejo.

Pensé, "Aquí tenemos dos mujeres totalmente diferentes, criadas con dos estilos de crianza totalmente diferentes, de dos trasfondos culturales y étnicos completamente diferentes, interpretando dos estilos de música totalmente diferentes. Pero tal vez no son tan diferentes después de todo. Tal vez sus similitudes son mayores que sus diferencias."

Lady Gaga dijo que ella fue muy intimidada cuando niña,[2] y de la mirada en sus ojos pude inferir que ella hubiese intercambiado toda su fama y fortuna en un segundo por no haber sufrido esos momentos tan dolorosos. Era como si ella no estuviese satisfecha consigo misma, con quien ella es. Aun siendo una de las cantantes más famosas en ese momento, de ver la mirada en sus ojos se notaba que no le gustaba ser quien era. Puede ser que amara donde estaba, pero no parecía amar quien ella era. No se veía cómoda dentro de su propia piel.

Las amistades de Whitney parecían sugerir que ella compartía esos mismos sentimientos. Ellos cuentan que a menudo ella se preguntaba, ¿Soy lo suficientemente buena? ¿Soy suficientemente linda? ¿Les voy a gustar?[3] Los complejos de estas intérpretes parecen haberles saboteado su alegría. Es como si tuvieran un aguijón o una espina en su carne, punzándolas, y causándoles gran agonía como un dedo acusatorio constantemente apuntando a cada mínimo defecto en vez de a todos sus grandes logros.

Los complejos – son complejos. Nos definen muy profundo y muy adentro. Ellos moldean cómo nos vemos a nosotros mismos. Siempre están con nosotros. No podemos dejarlos en casa. Nos siguen a todas partes como un cachorro perdido. Nos preguntamos si las otras personas pueden verlos. Y aunque no deberían hacerlo, estos complejos afectan prácticamente todo lo que hacemos. Aún la famosa cantante Barbra Streisand los tenía. Una vez se le olvidó la letra de una canción en medio de un concierto y por eso no volvió a cantar en vivo por más de veinte años. ¡Increíble!

Complejos. Todos los tenemos. Yo no creo que exista una sola persona en el planeta que no se sienta defectuosa de alguna manera o forma. Defectuosa por alguna pequeña imperfección. Defectuosa por algún rechazo. Defectuosa por algún recuerdo punzante, algún comentario insensible, alguna decepción, algún fracaso, alguna imperfección que te acusa desde tu espejo todos los días.

En 2 Corintios 12, la Biblia trata con estas cosas. El apóstol Pablo habla de las debilidades causadas por un aguijón en su carne. Una de las definiciones para la palabra "debilidades" en 2 Corintios 12:9 es "emociones estresantes e inquietantes".[4] Es lógico que emociones estresantes puedan causar que una persona se sienta desesperanzada, débil, y desprovista. El apóstol Pablo admitió que él también tenía debilidades, fragilidades, y emociones profundamente inquietantes. Estas provenían de un aguijón en la carne enviado por Satanás para abofetearlo (v. 7). La palabra griega traducida como "aguijón" en el versículo 7 significa algo que causa dolor severo o constante irritación.[5] Muchos creen que era una enfermedad física, tal como una enfermedad de la vista, pero yo creo que Pablo era atormentado emocionalmente. Yo creo que Satanás quería sacar a Pablo del juego, desanimarlo, y atormentarlo.

Yo creo que el aguijón de Pablo no era solamente en la forma de personas difíciles quienes agotaban su paciencia y lo molestaban, sino que además era un aguijón interno que retaba el llamado de Dios en su vida. Pero nosotros sabemos que cualquier cosa que el enemigo nos arroje a nosotros, Dios lo usará para Su beneficio. Más adelante en este capítulo explicaré porqué Dios permite tales cosas y cómo las usa para Su beneficio.

Atraídos a las Heridas

Curiosamente, nuestras imperfecciones a menudo son precisamente lo que causan que otras personas se identifiquen con nosotros. ¿No es cierto que usualmente nos atraigan más las personas que están dispuestas a ser auténticas y a mostrarnos sus debilidades que aquellas que parecen perfectas? ¿No es más fácil relacionarnos con personas que tienen cicatrices parecidas a las nuestras? Yo creo que la iglesia debe reconocer esto. Tratamos tanto de parecer perfectos a los ojos de los de afuera que a veces parecemos plásticos e inhumanos. Le recitamos citas bíblicas a la gente, pero no podemos ayudarlos en el lugar donde están porque queremos pretender que nunca hemos tenido un pasado y actuamos como si no pudiésemos identificarnos con ellos. ¡Actuamos como si nunca hubiésemos tenido un mal día, ni un mal pensamiento, ni perdido el control de nuestro temperamento, ni como que perderíamos la cabeza si no fuera por la gracia de Dios!

Yo creo a veces que es que no queremos decepcionar a Dios. Queremos ser Sus perfectos soldaditos, Sus perfectas hijas, o Sus perfectos hijos. Y definitivamente, no queremos ser juzgados por nuestros hermanos y hermanas. Pero tal vez lo más espiritual que podemos hacer es ser totalmente honestos, abiertos, transparentes, y vulnerables. Lo que necesitamos hacer es encontrar gente que se sienten como que nunca van a dar la talla, y contarles sobre nuestras luchas, miedos e inseguridades con las cuales aún batallamos. Decirles que aún estamos bajo construcción. Decirles que todavía no somos lo que queremos ser, pero definitivamente estamos muy lejos de lo que éramos antes. Si hiciéramos eso, yo creo que sería un tremendo estímulo para sus almas.

Déjame contarte a quién más le atrae la debilidad. Seria Dios. Dios usa personas imperfectas – personas defectuosas. Él dice que escogió los necios del mundo para avergonzar a los sabios (1 Corintios 1:27). Imagínate cosa igual. Dios usa las cosas de las que la sociedad se burla para confundirla y desconcertarla, y la misma vez confundirnos y desconcertarnos a nosotros. He escuchado decir que Dwight L. Moody tenía un complejo porque era inculto.[6] Y he escuchado que el altamente educado y famoso orador Charles Spurgeon sufría de emociones profundas e inquietantes.[7] Muchas veces quisieron tirar la toalla y rendirse. La mayoría de las veces no estaban ellos satisfechos con sus sermones, lo cual les impedía ver la cantidad masiva de almas que habían ganado para el Señor. Pero ellos no son los únicos. Existen varias figuras en la biblia que claramente luchaban con complejos.

El apóstol Pablo dijo, "Porque yo soy el más pequeño de los apóstoles, que no soy digno de ser llamado apóstol, porque perseguí a la iglesia de Dios" (1 Corintios 15:9). *El Mensaje* lo explica de esta manera: "Yo no merezco ser incluido en ese círculo tan especial, pues, como ustedes saben, he pasado todos mis años anteriores intentando borrar la iglesia de Dios de la faz de la tierra". Él tenía un complejo. Luchó con la creencia de que, por sus hechos pasados, no merecía su posición actual como apóstol.

Estoy casi segura que cada vez que Pablo recibía una tremenda revelación, el aguijón que atravesaba su auto-estima gritaba dentro de él, diciéndole, ¿Quién te crees que eres? Sin embargo, el Espíritu Santo utilizó a Pablo para escribir la mayoría del Nuevo Testamento, con todo y sus complejos.

Y, ¿qué hay de Josué? Me atrevo a asegurar que venía arrastrando con un complejo por cuarenta años cuando le fueron dadas las riendas para guiar a los Israelitas a la Tierra Prometida. ¿Te puedes imaginar lo que Josué realmente estaba pensando cuando el Príncipe del Ejército de Jehová se le apareció en Josué 5:13-15? Debió de haber pensado, "¿Cómo rayos voy a ser un líder ahora cuando ni siquiera los pude convencer cuarenta años atrás de que debíamos seguir adelante? ¿Te acuerdas que luego de mi ungido y grandioso discurso, no sólo querían regresar a Egipto, sino que también querían apedrearme? ¡Pues, *yo* ciertamente no lo he olvidado! ¡De hecho, esto ha hecho una mella en mis destrezas de liderato y ha aplastado mi confianza en mí mismo! Yo ciertamente creo que no es a mí a quien buscas." (Números 14:1-11)

Seamos honestos, ¿contratarías a alguien con ese historial de trabajo para ser el Principal Ejecutivo de tu compañía? Yo creo que no; pero, como sabemos, Dios no piensa ni remotamente igual a como pensamos nosotros. Se divierte con lograr que nosotros hagamos cosas que nuestros corazones y mentes nos dicen que jamás podríamos hacer. ¡Es por eso que necesitamos un lavado de cerebro! Tal vez es por eso que Dios tuvo que decirle a Josué una y otra vez, "No temas". Dicen que la frase "No temas" está escrito en la Biblia 365 veces. ¡Eso significa que hay un "no temas" para cada día del año!

Y, ¿qué tal de David? ¡Definitivamente tiene que haber tenido complejos! Algunos comentadores de la Biblia creen que era un hijo ilegítimo. No hay ninguna mención de su madre en la genealogía. Le fue dado el trabajo de pastor de ovejas, la posición más baja en la escala de trabajos. Su propio padre no lo envió a buscar del campo cuando llegó el profeta; él ni siquiera era una consideración para ser rey, sólo fue una idea de último minuto.

Ni siquiera el profeta Samuel lo reconoció (1 Samuel 16:1-13). ¡Eso sí que era un insulto! Samuel pensó que el alto, trigueño y guapo Eliab era el hombre de Dios. Yo estoy segura que todo el mundo siempre pensó que Eliab sería el escogido. Definitivamente no era el joven, rústico, niño David. Ya sabes, el estereotipo que hemos creado de a quién Dios puede usar y a quién no. ¿Puede Dios usar a alguien que sea ilegítimo? ¿Puede Dios usar a alguien joven? ¡Claro que sí!

¡Déjame contarte que puedo identificarme tanto con David! Cuando se le entregó un edificio a nuestra iglesia *Brooklyn Tabernacle*, la iglesia comenzó a orar, "Dios, levanta un equipo". Nunca en un millón trillón de años hubiese yo pensado que Dios nos escogería a mi esposo y a mí. Nosotros no veníamos de un trasfondo cristiano. Veníamos de un trasfondo de drogas y divorcio. Sé que algunos están pensando, ¡No *divorcio! ¡Cualquier cosa menos eso!* ¡Oh, sí, divorcio! Tal vez a Dios se le olvidó el pequeño dato de que nosotros éramos divorciados. ¿Será que tiene problemas de memoria a corto plazo porque echa las cosas al fondo de ese enorme mar del olvido?

De acuerdo a algunas denominaciones, nosotros nunca participaríamos en el ministerio por el divorcio en nuestro pasado. ¡Seríamos considerados como mercancía defectuosa para siempre! Pero el Espíritu Santo le mostró al Pastor Jim Cymbala y a los ancianos de *Brooklyn Tabernacle* que nosotros éramos los elegidos para dirigir este equipo. No sólo *nosotros* estábamos en shock, sino que hubieses visto las reacciones del resto de la gente. Decían cosas como, ¿Ustedes? ¿En serio? ¡Increíble! Nada como un poco de apoyo de tus compañeros. ¿Sabes quién verdaderamente necesitaba un lavado de cerebro? No, no ellos, ¡YO! ¡Yo definitivamente necesitaba un lavado de cerebro!

El papá de David, Isaí, también necesitaba un lavado de cerebro. Después de ver a Samuel ungir a su hijo frente a toda la familia, él obviamente no aceptó el nuevo status y la nueva posición de David. En 1 Samuel 17 envió a David como cualquier niño de mandados para llevarles el almuerzo a sus hermanos. En vez de balas, espadas y bombas, Isaí le entregó a David una canasta de pan con queso. En vez de enviarlo como el rey ungido, como el hombre de Dios, Isaí envió a David como "la caperucita roja". ¡Eso sí que es masculino y de realeza! Qué humillante. Cuando David llegó al campo de batalla, Eliab se burló de él; Saúl lo ridiculizó; y Goliat lo menospreció. Ese sí que fue un mal día en el ministerio. David definitivamente necesitaba un lavado de cerebro.

Lecciones de David

En medio de esta humillación, David hizo varias cosas que yo creo fueron significativas para su futuro éxito, cosas que nos pueden enseñar cómo manejar las bolas curvas que la vida nos lanza.

David soltó su carga

Imaginemos a David caminando, cargando una canasta de humillación que simboliza cómo su padre lo veía y reforzaba la etiqueta que el diablo quería estampar sobre él: ¡perdedor! David tuvo que escoger entre seguir caminando hacia adelante o escuchar la voz del enemigo que le gritaba con cada paso: "Vete a tu casa, David, vete a tu casa. ¡Tú no perteneces aquí! Estás bien fuera de grupo." Pero la Biblia nos dice que tan pronto David puso un pie en el campo de batalla, dejó las cosas que estaba cargando en manos del que guardaba el bagaje (1 Samuel 17:22). Esto me dice que si nosotros queremos poner un pie en el campo de batalla, tenemos que estar libres de toda carga, obstrucción y peso. No podemos pelear la batalla exitosamente si estamos cargados con las cosas que otra gente nos puso encima. ¡Tenemos que despojarnos de todo peso y ponerlo sobre Aquel que lleva todas nuestras cargas!

David ignoró las burlas

Cuando David llegó al frente de la batalla, su hermano Eliab inmediatamente lo atacó: ¿Por qué estás aquí? ¿Con quién dejaste tus pocas ovejas? Yo conozco lo malvado que es tu corazón y lo presumido que eres. Vete a casa, David. Vete a casa." (ver 1 Samuel 17:28) ¡Qué increíble! ¿Cómo tú te recuperas de algo así? ¡Esta hubiera sido la oportunidad perfecta para David escupir en el emparedado de su hermano! Pero la Biblia dice que David se dio la vuelta y habló del asunto con otra persona (v.30). En otras palabras, él ni siquiera hizo caso a los comentarios de Eliab. Era como si le estuviese diciendo, sin realmente decirlo, ¡Háblale a la mano, Eliab, porque yo no te estoy escuchando! Cuando la gente intenta desanimarte y acusarte, no te defiendas – y no lo internalices tampoco. Esto es clave. Date la vuelta y sigue hacia adelante. ¡Recuerda que Dios es tu defensor!

David se mantuvo fiel a quien era

Cuando David finalmente llegó donde el Rey Saúl, Saúl se echó a reír de él, humillándolo, y diciendo, "Tú eres sólo un niño". Pero Saúl finalmente cedió ante la determinación de David y dijo, "Ok, niño, si tú insistes en salir allá afuera y enfrentar ese gigante, ponte mi armadura". Así que David se puso la armadura y trató de caminar con ella dentro de la tienda de campaña del rey. Pudo haber pensado: "Vete a casa, David, vete a casa. La ropa de la gente grande te queda enorme." ¡*Pero David no se fue a casa!* En vez de irse a casa, dijo: "No puedo luchar en esta armadura," y se la quitó. (ver 1 Samuel 17:33,38-39) Esto me dice que todos nosotros tenemos nuestra propia armadura. No necesitamos ponernos la de nadie más. Solamente sé tú mismo. Tú tienes tu propio estilo. Siempre y cuando derribes al gigante, ¿a quién le importa qué método utilizas? Puede ser detrás de un púlpito o puede ser en un almacén; puedes usar una chaqueta y corbata o usar ropa de gimnasio - ¿a quién le importa? Sólo lanza la piedra, que es Cristo Jesús – y llévala siempre contigo como un recordatorio que solamente la Roca puede derrotar los gigantes que se aparecen en nuestro camino.

David y Pablo ciertamente no eran las únicas figuras bíblicas que tuvieron que trabajar con sus complejos. ¿Qué tal de la mujer sulamita, la amada de Salomón en el Cantar de los Cantares? Esos sí que eran complejos. Ella tuvo que trabajar en las viñas de sus hermanos, y como resultado, su piel no era delicada; no era ni suave ni blanca porcelana. Ella no podía darse el lujo de hacerse tratamientos faciales ni aplicarse las ricas cremas que utilizaban las hijas de Jerusalén. Sin embargo, cuando el Rey la vio, quedó prendado con ella, con todo y su piel ceniza. Y ¿qué tú crees que hizo ella? Pues, te voy a decir lo que no hizo: no aceptó su reconocimiento. Comenzó a enumerar todos sus defectos, en vez de aceptar el afecto que él le declaraba. De verdad que me puedo identificar con ella… y de qué manera. Necesitamos aprender a aceptar los cumplidos sin necesidad de sabotearlos al minimizarnos.

¿Y qué de la pobrecita Sara, quien antes fuera Sarai? Ella tuvo que cambiar su nombre a "Madre de Naciones," y ni siquiera podía quedar embarazada. Cada vez que tenía que decir su nombre, apuesto a que se ponía roja como un tomate y murmuraba su nuevo nombre como un susurro. Estoy segura de que se avergonzaba por dentro. Yo sé que yo definitivamente lo hubiese hecho. ¿No es así como nosotros verdaderamente nos sentimos? Dios nos dice que somos una cosa, pero eso está mil años luz de cómo realmente nos sentimos.

Yo no sé cómo Sara lo manejó, pero déjame decirte cómo pudo haberlo manejado. Cada vez que alguien levantaba una ceja (porque estos eran los días antes de las cirugías plásticas) mientras escribía su nombre, o peor, usaba la etiqueta con su nombre en el almuerzo para damas de la iglesia, ella se hubiese sentido obligada a contar *toda* la historia de cómo Dios le dijo a su esposo que mirara hacia arriba y contara las estrellas del cielo porque su descendencia iba a ser tan numerosa como ellas. Ella les pudo haber contado cómo Dios dijo que iban a tener un billón trillón de hijos algún día. Sabemos por la historia en Génesis que a Sara le costó trabajo creer en lo que Dios había dicho, pero eso no es lo que Dios quiere para nosotros. Él quiere que creamos que somos lo que Él nos dice que somos.

Y por último, pero no por menos importante, echemos un vistazo a Moisés. Moisés vino de una familia de sacerdotes, creyentes en Jehová. Cuando Moisés era un infante, los problemas tocaron a su puerta. Faraón dio una orden de aniquilar todos los niños varones menores de tres años. Su madre no podía soportar que su bebé fuese asesinado. Así que colocó al dulce y tierno Moisés en una canasta y lo envió río abajo porque ella había visto que este no era un niño ordinario; aunque permíteme decirte que así *no* era como Moisés se veía a sí mismo. Veremos porqué en unos momentos.

Moisés terminó en un hogar que era completamente diferente del hogar de sus padres. (Recuerda, su madre biológica amamantó a Moisés por tres años antes de que la hija del Faraón se lo llevara para criarlo como si fuera suyo.) Los padres de Moisés eran esclavos. Una vez su madre lo destetó, tuvo que irse a vivir en un hogar diferente, en una cultura diferente, con vestimentas y sistemas religiosos diferentes. Pasó del hogar de una esclava al palacio del rey bajo la tutela de la hija del Faraón. Su antiguo hogar apenas tenía las necesidades básicas para sobrevivir. ¡El nuevo hogar tenía televisión por satélite, Internet, una piscina, máquinas de juegos, sirvientes, tratamientos de belleza, y ropas de diseñador!

Pero todas estas cosas no compensaron por el hecho de que Moisés se sentía diferente. Obviamente, él sentía que no encajaba con los demás. Todos sabemos que se relacionaba más con los pobres que con los ricos. Él no tenía ni la más mínima idea de que él tenía que estar en el palacio precisamente para un tiempo como ese. No tenía idea de que algún día Dios utilizaría ese dolor pasajero para liberar su nación.

Tal vez esa sensación de que no encajaba fue lo que le dio todos esos momentos de ira. Me pregunto si tal vez le jugaban bromas. Tal vez su pelo era rizado y todos los demás en el palacio tenían el pelo lacio. Tal vez su color de piel era diferente. Tal vez Moisés atravesó una etapa de torpeza de los adolescentes. Tal vez tenía las orejas grandes y un serio caso de acné. Tal vez sus dientes estaban torcidos. No sabemos ninguna de estas cosas porque la Biblia no las menciona. Pero una cosa sí sabemos con certeza y es que tenía problemas con el habla. Él no era rápido ni tenía fluidez para hablar. Este chico adoptado, que se sentía como un extraterrestre, tenía un impedimento del habla. ¡Era tartamudo!

Cualquiera que fuera la raíz de su ira, Moisés terminó asesinando a alguien y tuvo que salir huyendo del palacio escapando por su vida. El que era siguiente en la línea al trono de Faraón, terminó en el extremo opuesto del desierto y en la lista de Los Más Buscados de Egipto. Por sus acciones, cerró la única puerta que era su enlace a su futuro. En este momento, sabemos con certeza que Moisés tenía un complejo. ¡Moisés definitivamente le hacía falta un lavado de cerebro!

La Fuerza de Dios en Nuestra Debilidad

La Biblia dice que un día cuarenta años después, lo cual equivale a por lo menos 14,600 días después, Moisés se encontró en el extremo más remoto del desierto. Los comentaristas dicen que ese lugar es como el lado oscuro de la luna. No se puede conseguir un lugar más oscuro o más desolado que ese. Este es el lugar donde parece que las cosas no se pueden poner peor, el lugar donde parece que las cosas nunca van a cambiar. Pero, como sólo Dios puede hacerlo, Moisés termina encontrándose en el Monte Sinaí, el cual es el *Monte de Dios.*

¿Quién se iba a imaginar que el extremo más oscuro del desierto estaba justo al lado del monte donde vive Dios? Esto me dice que el desierto de la desesperación está a la vuelta de la esquina del monte de la esperanza. ¡También me dice que no importa cuán lejos tú corras, te vas a topar de frente con la presencia de Dios! ¡Vas a chocar de frente con tu destino!

Probablemente conoces la historia. El extremo más remoto del desierto se convierte en un lugar santo. El arbusto ardiendo en fuego de repente habla y llama a Moisés por su nombre y le dice que Dios quiere usarlo. Dios va a cumplir el anhelo más profundo que hay en el corazón de Moisés, que era ver sus hermanos Israelitas salir libres. ¡Pero esta vez *Dios* va a ser el impulso detrás de este anhelo, no la ira de Moisés!

Moisés iba a ser el portavoz de Dios – no Su guerrero, no Su general del ejército de guerra, no Su espadachín o arquero. Nada que ver. ¡Moisés iba a ser un *portavoz*! ¡El hombre que tartamudea estaba siendo llamado a hablar! A Moisés le estaba costando trabajo entender lo que Dios estaba diciendo. Le estaba costando trabajo comprender y aceptar que Dios quiere hacer público su impedimento del habla. ¡Ese que tiene *lengua vacilante y labios tartamudos* – el tartamudo va a ser un portavoz! Dios quiere exponer a la luz pública precisamente lo que Moisés quería esconder.

Ser un portavoz es lo último que Moisés quería hacer. Prácticamente le dice a Dios, "Gracias, pero, no, gracias. Creo que prefiero quedarme aquí en el desierto." Estoy segura de que el leproso en Mateo 8 tampoco quería regresar para ir a mostrarse a los sacerdotes. Estoy segura que la mujer adúltera en Juan 8 tampoco quería ser una lección de moral para los líderes religiosos. Estoy segura que la mujer en el pozo en Juan 4 tampoco quería convertirse en la evangelista del pueblo yendo casa por casa y diciéndoles, "He conocido un hombre que me ha dicho todo sobre mi vida." Pero ya sabes que así es como Dios hace las cosas.

"*Fa-fa-fa-faraón, D-D-Dios m-m-me e-e-envió a t-t-ti.*" ¡Imposible que Moisés quisiera presentarse delante de Faraón! ¿No es increíble que podamos tener un encuentro sobrenatural con Dios – podamos ver un arbusto ardiendo que de repente habla y que resulta ser que conoce nuestro nombre – pero todo eso se reduce a nada frente a nuestro complejo? *Nuestro aguijón.* La constante fuente de irritación y conflicto. Esas inseguridades profundas que nos torturan.

El aguijón está en oposición a nuestro llamado y lo desinfla. El aguijón se burla del llamado. Imagínate: lo único que Moisés deseó por más de 40 años por fin se iba a cumplir, ¡no por sus fuerzas, sino, por el contrario, por su debilidad! *A través de su complejo* – sus angustiosas e inquietantes emociones. Estoy segura de que Moisés oraba, "Dios, concédeme de golpe el gene de la inteligencia, el gene de la elocuencia. Hazme un persuasivo comunicador, y entonces yo iré y seré tu portavoz." Cuando yo sea perfecto; cuando haya planificado toda mi estrategia; cuando hable tan bien como la Hermana Fulana, me exprese tan bien como el Hermano Sutano, me vea tan bien como el Hermano Mengano en su traje y zapatos finos, cuando tenga sus dones, su influencia; cuando reciba mi doctorado – ¡entonces estaré listo para hacer lo que sea que Tú quieres que haga!

Moisés dijo, ¡Ay, Señor! nunca he sido hombre de fácil palabra, ni antes, ni desde que tú hablas a tu siervo; porque soy tardo en el habla y torpe de lengua" (Éxodo 4:10). En otras palabras, desde que tuvimos aquella conversación 'fogosa' en el arbusto, nada ha cambiado. ¡Todavía soy un tartamudo, Dios! Te has olvidado de este pequeño detalle, y aquí tienes la oportunidad perfecta. *¡Sáname!* Pero Dios básicamente le dice, "¿Quién te dio tu lengua?" (ver Éxodo 4:11) Y Moisés probablemente estaba pensando, *"Precisamente eso es a lo que me refiero. ¡Eso es lo que estoy tratando de decirte! ¡Tú me diste esta lengua, así que te toca a Ti sanarla!"*

Dios hubiese podido muy fácilmente sanar la lengua de Moisés, pero no lo hizo. ¿Es Dios insensible? ¡No! Este es mi punto: no importa cuánto oremos, algunas cosas no van a ser removidas, porque lo que parece importante para el mundo según el estándar de la sociedad, puede ser que no sea tan importante para Dios. Charles Spurgeon dijo que tal vez la lentitud de la lengua de Moisés era mejor que la rapidez de la lengua de otra persona. ¡El Faraón tenía más razón para temer al tartamudo Moisés que al más fluido parlante en Egipto![8]

¡En su tartamudez había poder! Dios básicamente le dijo a Moisés, "No voy a cambiar tu modo de hablar, amigo". Igual que le habló a Pablo, Dios le dijo: "Ese aguijón, – ese complejo – se queda, ¡porque es en tu debilidad, en tus angustiosas e inquietantes emociones, que Mi poder se perfecciona! (ver 2 Corintios 12:9) Mi poder ungirá tu debilidad. Esta es mi póliza de seguro; esto te mantendrá dependiendo de mí."

Pero Dios no termina ahí. Le dice a Moisés lo que sí va a cambiar: "Mira, yo te he constituido dios para Faraón, y tu hermano Aarón será tu profeta" (Éxodo 7:1). En otras palabras, Dios le estaba diciendo, *"Cuando él te vea a ti, me verá a Mí. ¡Tú serás como Yo a Faraón! ¡Cuando él te escuche a ti, me escuchará a Mí! Pero Moisés, este es el trato: cuando tú te veas a ti mismo, ¡sabrás que fui Yo quien lo hizo!"* No se puede profundizar más que eso. ¡No existe mayor fe que permitirle a Dios usar precisamente lo que nosotros queremos esconder!

Yo creo que nuestros complejos no son tanto el asunto, como lo es creer que Dios nos puede usar aun a pesar de nuestros complejos. Por eso es que cuando Pablo recibió su lavado de cerebro, finalmente pudo exclamar, ¡Sí! Yo me gloriaré en mi debilidad, en mis complejos, porque entonces, y sólo entonces, ¡es que Su poder se perfecciona!

Moisés le preguntó a Dios, ¿Quién soy yo? (Éxodo 3:11). Dios no entró en los detalles del pasado de Moisés para explicarle porqué era un desastre. No le dijo que tomara una prueba psicológica para determinar dónde se encontraban sus fortalezas y debilidades. Simplemente le contestó, "Yo estaré contigo". (v.12) En otras palabras, Dios estaba diciéndole, "Lo que Yo te He llamado a hacer no tiene nada que ver contigo y tiene todo que ver conmigo".

Moisés entonces le preguntó a Dios, ¿Quién eres Tú? Y Dios le contestó, ¡YO SOY el que SOY! (Véase Éxodo 3:13-14) Lo que le estaba diciendo es, *"Yo soy lo que sea que Yo necesite ser en cualquier momento dado. Yo soy el Dios que usa las cosas necias para confundir a los sabios. ¡Yo soy el Dios que usa lo defectuoso, lo marcado, lo estropeado, y aun lo que ya no sirve! Yo soy el Dios que restaura los corazones rotos y comisiona aun a aquellos que han fracasado miserablemente. ¡Yo soy el Dios de las segundas oportunidades!"*

Así que, como Moisés, ¡tenemos que dejar de despreciar nuestras debilidades, porque son *lo único* que realmente tenemos que ofrecer! Es hora de caminar esa distancia de dieciocho pulgadas entre nuestra mente y nuestro corazón y permitir que los cerebros en nuestro corazón sean lavados de todo pensamiento torcido que cree que Dios solamente quiere vasijas perfectas. Las vasijas perfectas no existen; solo Dios es perfecto.

Tenemos que dejar de pensar que nosotros somos los únicos con complejos. Todo el mundo los tiene. Tenemos que resolver muy profundo en nuestros corazones que somos exactamente lo que Dios quiere usar, para que sólo Él pueda recibir toda la gloria y toda la honra.

Oremos

Querido Señor, por favor ayúdame a cambiar las cosas de las que yo me glorío. Déjame comenzar a gloriarme en mis debilidades y no en mis fortalezas, sabiendo que es solo en mi debilidad que Tu poder se perfecciona. Permíteme darme cuenta de que Tú nunca me pondrás en un lugar o situación donde Tu unción no pueda cubrirme. Te agradezco Tu clemente misericordia, y te agradezco por cada debilidad que me lleva a depender de Ti diariamente. En el nombre de Jesús, Amén.

María Durso

CAPÍTULO 9 – HAY TESORO EN LA BASURA

¿Alguna vez te has preguntado si el Señor podría usar tu situación o tu desastre? ¿Alguna vez has pensado, "Señor, es verdad que puedes usar *todas* las experiencias de mi vida, presentes, pasadas, buenas, y malas – *todo* mi dolor, vergüenza, sufrimiento, pecado, fracasos, miedos, defectos, luchas, decepciones, e inseguridades? ¿Y qué del abuso, rebelión, aborto, y divorcio? ¿Es cierto que usas *todas* las cosas, y no solo las cosas *buenas*?"

Yo pienso que muy frecuentemente, porque no podemos imaginarnos cómo algo bueno puede salir de algo malo, permitimos que nuestro dolor se desperdicie. Bueno, estoy aquí para decirte que nuestras pruebas, luchas, fracasos, pecados, decepciones, dolor y vergüenza ¡son *reciclables!* Sí, Dios está en el negocio del reciclaje. Él fue el primero en comenzar el movimiento "eco-amigable." Reciclar es convertir los desechos en material reusable y servible. Nosotros reciclamos porque hay substancias en los desechos que se pueden redimir y aún tienen valor. En otras palabras, hay más en la basura de lo que nuestro ojo puede ver.

El cesto de basura no es el fin; es solo el principio de un ciclo totalmente nuevo. Mucho antes de que existieran los ambientalistas, Dios sabía que Él podía crear algo redimible de lo que parecían ser los momentos desechables de la vida. Desde el comienzo del mundo, Él tenía un plan diseñado para darle un nuevo propósito a nuestras vidas después que habíamos perdido toda esperanza y propósito. El Dios que todo lo ve sabía que hay un tesoro en medio de nuestra basura.

Hay tanto potencial en nuestro dolor, aunque no podamos inmediatamente ver su futuro valor debido a su condición actual. ¿Creerías que algunos de los bultos de escuela que los niños cargan todos los días alguna vez fueron botellas plásticas viejas y sucias? ¿O que algunos de los asientos de los estadios eran botellas de detergente aplastadas y vacías? El artículo nuevo no tiene ningún parecido con el artículo original. De simplemente mirar el producto final reciclado, probablemente nunca nos imaginaríamos que los artículos que lo componen iban camino al cesto de basura. ¡Aun el apestoso estiércol es convertido en el fertilizante que hace nuestras frutas tan jugosas! De una manera similar, todo lo que hemos atravesado o estamos atravesando, puede ser usado para el beneficio de alguien más. Todo en nuestra vida puede encontrar un nuevo propósito para traer consuelo y sanidad a otra persona.

En este capítulo vamos a destapar ese cesto de basura y descubrir el valor de lo que hay adentro, las cosas que simplemente se estaban desperdiciando, acumulándose en las esquinas oscuras de nuestros corazones y mentes. Vamos a sacar la manguera de la Palabra de Dios, rociar agua para sacarle el sucio a nuestra vergüenza, y descubrir que los eventos de nuestro pasado no fueron una total pérdida, después de todo. ¡Solamente son un desperdicio si los dejamos en el cesto de la basura y no le permitimos al Maestro crear una obra maestra con ellos!

Un político dijo una vez, "Una crisis es algo que sería terrible desperdiciar". Dios puede exprimir de tus tristezas el aceite del gozo para la vida del alguien más. Piénsalo bien: ¿Quién mejor que alguien que ha recibido un nuevo soplo de vida, que ha sido sacado del cesto de la basura, para ministrarle a la vida de alguien que se siente desechado y necesita una segunda oportunidad?

Antes de continuar, déjame iluminarte un poco sobre la manera en que el Espíritu Santo trae revelación a mi vida. Yo no soy una maestra por naturaleza. Todo lo que yo enseño viene de las cosas que Dios me ha revelado a mí a través de los eventos triviales diarios. Así que permíteme contarte una historia verídica.

Mientras estaba esperando mi turno en la caja registradora en la tienda de comidas naturales de mi vecindario, noté un pequeño anuncio en cartón que leía: "Lanolina – El Ungüento. Extraído de la lana de las ovejas. Por siglos, utilizado para ayudar con la piel reseca y agrietada". Acompañando este pequeño anuncio, se encontraban varios tipos de jarros con este ungüento. Había un jarro que contenía un bálsamo espeso; había una botella con un emoliente, un tubo con una salva, una botella con un pistón que contenía un humectante, y una botella pequeña y larga llena del aceite puro.

Yo pensé, ¿Cómo es posible que esa sustancia pueda ser administrada en tantas diferentes formas? Particularmente me pregunté cómo la lana esquilada de ovejas apestosas podía convertirse en algo que proveyera tanto consuelo. Entendamos algo, yo soy una persona visual, y tal vez muy literal a veces, así que sinceramente dudé de los reclamos del anuncio. ¿Cómo rayos podían transformar lana seca, que pica y raspa, y convertirla en algo que confortara piel seca, que pica y raspa? ¿Cómo podía algo irritante convertirse en algo suave y calmante, y cómo podía algo apestoso y sucio convertirse en algo fragante y puro? ¿Cómo podía la piel de oveja, gruesa y ruda, convertirse en ungüento puro? Las propiedades de ambos eran totalmente diferentes. No hay absolutamente ningún parecido entre la piel de oveja y el aceite; la piel de oveja tendría que atravesar una transformación total.

Yo no podía entender qué tenía que ver la lana de las ovejas con aceite puro, así que lo convertí en mi misión. Salí de la tienda con mi corazón latiendo tan fuerte que se me quería salir del pecho. Sabía que el Espíritu Santo quería mostrarme algo. Sabía que había una conexión espiritual.

Ahora, sabemos que la metáfora más común utilizada a través de la Biblia es la de las ovejas y el pastor. La Biblia nos llama ovejas. David se identifica a sí mismo como una oveja. En el Salmo 100:3, él dice: "Pueblo Suyo somos y ovejas de Su prado". Las similitudes entre nosotros y las ovejas son impresionantes. Veamos algunos de los datos de las ovejas por un momento para entender cuánto nos identificamos con ellas.[1]

- Dato de Ovejas #1: Ovejas de diferentes rebaños pueden estar pastando juntas en un campo, pero cuando su pastor las llama, reconocen su voz y caminan en dirección hacia sus respectivos pastores. A esto es a lo que Jesús se refería cuando dijo en Juan 10:27, "Mis ovejas oyen Mi voz, y yo las conozco, y ellas Me siguen".

- Dato de Ovejas #2: Las ovejas se mantienen dentro de un cercado con una puerta muy estrecha, y de noche el buen pastor se acuesta a dormir frente a la puerta para mantener los depredadores afuera y las ovejas adentro. Las ovejas son muy crédulas y muy ingenuas. Tienen que ser guiadas o son fácilmente engañadas. Y tienen que mantenerse bien cerca del pastor, porque si se alejan del redil, el lobo puede aislarlas y devorarlas. Jesús dijo en Juan 10:11, "Yo soy el buen pastor. El buen pastor su vida da por las ovejas."

- Dato de Ovejas #3: Las ovejas son fácilmente asustadas y fácilmente alborotadas. Se pueden ahogar en dos pies de agua. ¿Cuán fácil es para nosotros asustarnos y alborotarnos? Probablemente es muy fácil. ¡Una carta del Departamento de Recolección de Impuestos puede causar que hasta el más fuerte de los hombres caiga de rodillas antes de tan siquiera abrir el sobre! ¿Será por eso que la frase "No temas" se repite continuamente a través de la Biblia?

- Dato de Ovejas #4: Llegó el momento de buscar en la enciclopedia. Las ovejas domesticadas producen lana, mientras que las ovejas salvajes que divagan de redil en redil solamente producen pelusas, que son inservibles. Las ovejas que permanecen bajo el cuidado de un pastor en un redil familiar, comiendo una dieta estable y saludable, producen valiosa lana. Puede ser por eso que es tan importante que seamos miembros de una congregación local, bajo el cuidado de un pastor, y comiendo una dieta estable de buena enseñanza bíblica. Seremos mucho más saludables, fuertes, y más maduros en el Señor si vivimos así.

- Dato de Ovejas #5: Las enfermedades más comunes entre las ovejas son llagas en la boca y en las patas. Ambas son extremadamente contagiosas. ¿No nos aquejan las mismas enfermedades – decir las cosas incorrectas, moviendo la lengua innecesariamente mientras influenciamos las ovejas que nos rodean; o caminando en la dirección incorrecta y causando que otros nos sigan?

- Dato de Ovejas #6: Todas las ovejas tienen que ser esquiladas al menos una vez al año; de lo contrario, la acumulación de lana atraganta los corderitos cuando vengan a buscar la leche materna. El exceso de lana bloquea el sistema digestivo del corderito y le causa la muerte. De la misma manera, si no somos esquilados de nuestra acumulación de ofensas y actitudes incorrectas, podemos causarle la muerte espiritual a algún nuevo creyente.

Aunque algunos de los datos sobre las ovejas no son muy halagadores, no ignores esto: las ovejas son extremadamente valiosas. Si no lo fueran, Dios no nos hubiese comparado con ellas. Piensa en el simbolismo utilizado: la lana de las ovejas es utilizada para preparar cubiertas tales como mantas, abrigos, guantes, y chaquetas. De la misma manera, nosotros hemos sido llamados a cubrir la desnudez de otras personas. Hemos sido llamados a proveer calor para las personas que vienen a nosotros de un mundo frío y cruel. ¿Sabías que la piel de ovejas es usada en los hospitales para prevenir úlceras en la espalda? De la misma manera, nosotros también debemos traer alivio a las personas que están sufriendo.

Más De Lo Que Se Ve A Simple Vista

Regresemos al anuncio en la tienda de comida saludable. Luego de bastante investigación, encontré que el anuncio era totalmente cierto. ¡Descubrí que lo que se encuentra en la lana es aún más valioso que la misma lana! En otras palabras, lo que no puedes ver es más valioso que lo que puedes ver. ¡Hay más de lo que se ve a simple vista!

La lana contiene una sustancia aceitosa llamada la "grasa de la lana". Esta grasa de la lana es una combinación del sudor de la oveja y este preciado y valioso ungüento. El ungüento contiene propiedades anti-bacterianas y sirve además como un repelente en contra de las fuertes lluvias al causar que el agua se resbale por encima de la lana para que la lana no se vuelva demasiado pesada.[2]

Pero este valioso ungüento no es solamente para la protección de las ovejas; es también para la provisión de otros. Mientras más áspero sea el terreno, más empinada la cuesta, más las ovejas sudan. Mientras más sudan, más ungüento producen. Así que parece ser que algo de valor está siendo creado en medio de las experiencias difíciles de la vida diaria. ¡El sudor de las ovejas no es en vano! El pastor no desperdicia nada. Él literalmente recicla el sudor de las ovejas. De alguna manera, la carga de ellas produce una bendición para otras personas.

Pongámonos en el lugar de las ovejas. En su lana enmarañada, sucia, maloliente, enredada y sin esquilar, algo fragante se está produciendo, pero las ovejas no lo pueden ver. ¿Será posible que, en nuestras vidas, aquello que es preciado y el sudor de la vida diaria habiten en el mismo espacio? ¿Será que ambos conviven, como si lo humano se entremezclara con lo divino, lo santo mezclado con lo común?

Esto parecerá extraño, pero la palabra *ungüento* proviene de una palabra en Latín que también se traduce como *unción*. Es como si las ovejas fuesen ungidas para traer sanidad, pero no tienen ni la más mínima idea.

La palabra *unción* significa untar, engrasar, aceitar. Las ovejas no se dan cuenta que hay algo valioso en esa carga tan pesada, algo que puede ser untado en las manos endurecidas de alguien, o en su piel seca y agrietada. Sin saberlo, ellas cargan por todas partes la cura para las heridas, pero ellas piensan que solamente son unas tontas ovejas llevando una carga pesada.

En mis viajes a Australia conocí un esquilador de ovejas que nos explicó que la misión más importante del pastor es llevar las ovejas a la mesa de esquilar para que su pesada carga pueda ser removida y la grasa de la lana pueda extraerse. ¡Así es como se puede extraer el ungüento para entonces poder ser untado en la piel seca y agrietada de alguien!

Desgraciadamente, la misión más importante de las ovejas es evitar la mesa de esquilar a toda costa, porque tienen miedo de ser cortadas, mutiladas, o lastimadas. Odian el dolor. No quieren ser desvestidas, descubiertas, desnudas o expuestas. Ellas no tienen idea que ese dolor momentáneo puede ser utilizado para el beneficio de alguien más.

Si las ovejas continúan evadiendo la mesa de esquilar, el peso de la lana eventualmente causará que se caigan de lado y no podrán levantarse por su cuenta. Precisamente porque el pastor sabe esto y sabe el valor de la oveja, acorrala la oveja hasta que no tiene ninguna escapatoria y no puede hacer otra cosa excepto rendirse.

Luego de removida la carga, la lana pasa por un intenso proceso de lavado llamado "lavado poderoso." La lana es puesta entre dos rolos, o "pasada por el rodillo," como a mí me gusta llamarlo. Es exprimida y prensada. Según la lana es desenredada, la grasa de la lana se extrae y el sudor es separado del ungüento.[3] El ungüento ahora es distribuido en muchas diferentes formas para ayudar a sanar la piel reseca y agrietada de alguien.

¿Puedes ver el paralelo entre la vida de la oveja y nuestra vida? ¿Será posible que, de alguna manera, entremezclado entre nuestro enredado, enmarañado desastre y el sudor de nuestras cargas diarias se encuentre la cura para la vida seca y maltratada de alguien, pero nosotros no podemos verlo porque pensamos que simplemente somos tontas ovejas llevando una pesada carga en nuestras espaldas? No nos damos cuenta de que mientras más dificultades atravesemos, más unción y sabiduría tenemos para compartir nuestras experiencias vividas. Rara vez pensamos que aquello que tenemos guardado dentro de nosotros es lo que le hace falta a otra persona para sanar, pero es cierto.

¡Para poderlo compartir, tenemos que ser esquilados! Tenemos que liberarnos de esa pesada carga sobre nuestras espaldas y colocarla en las manos del Buen Pastor. Desafortunadamente, igual que las ovejas, nosotros evitamos la mesa de esquilar a toda costa. No queremos que nuestras luchas pasadas sean descubiertas, y no queremos que nuestras luchas presentes sean expuestas. Solamente queremos seguir con nuestro día a día, dejándolo todo como está, escondido y fuera de la vista de todos.

Tenemos tanto miedo de lo que otros creyentes puedan pensar, que nos convertimos en expertos disfrazando nuestros desastres. Peinamos nuestra lana enmarañada, la acondicionamos, y hasta le ponemos hermosos lazos rosados. Hacemos excusas, como si se tratara de que "solo estoy teniendo un mal día con mi cabello". Hacemos todo menos entregarla, porque entregarla es doloroso. No queremos que nuestro perfecto exterior sea agrietado. Así que simplemente seguimos poniéndonos nuestros ropajes espirituales para cubrir nuestra apestosa y maloliente vida.

Revestimos nuestro desastre con frases como, "Dios conoce mi corazón". O nos ponemos nuestra máscara de santidad cuando llegamos a la iglesia, aunque durante todo el servicio nos estamos sofocando debajo de nuestra pesada carga. Lo único que el Buen Pastor quiere hacer es darle un "lavado poderoso" a nuestra vida. ¡Quiere quitarnos nuestra pesada carga y quebrantar el yugo (Mateo 11:29-30) para que la unción pueda ser extraída, liberada, y untada en las heridas abiertas de otras personas!

No nos damos cuenta, de que nuestro dolor tiene el potencial de ser la ganancia eterna de alguien más, que nuestro desastre tiene el potencial de convertirse en un mensaje de esperanza para los que no tienen esperanza. No nos damos cuenta que todo lo que hemos atravesado tiene el potencial de convertirse en una lección de vida para alguien más. No nos damos cuenta que nuestro mayor problema tiene el potencial de convertirse en nuestro mayor púlpito – ¡que el mal olor de ayer es la unción de hoy! ¿No dijo Pablo que *todo* lo que le había sucedido a él era para el avance del evangelio? (Filipenses 1:12, 18-22) *El Mensaje* lo pone de la siguiente forma: ¡Estas cosas no me callaron; me dieron un púlpito!

¿Por qué crees que la Biblia expone todos los "asuntos" de todo el mundo en sus páginas? Lo bueno, lo malo, y lo feo, es expuesto y entonces reciclado o redirigido, porque la unción para ministrar en realidad se encuentra en el sudor y la lucha de ayer. Y déjame decirte esto: la bendición no solo está en el dolor que hemos aguantado, sino que también se encuentra en el dolor que tal vez hemos causado. Es tan fácil para nosotros compartir nuestro dolor desde el punto de vista de la víctima, pero, ¿qué tal sería compartir nuestros propios fracasos y el pecado del cual nos hemos arrepentido mientras viajamos en esta larga jornada de santificación? ¿No estamos todos bajo el mismo proceso de construcción? ¿No es el caminar cristiano un *proceso* de crecimiento? ¿No estamos siendo formados a la imagen y semejanza de Cristo?

Mientras carguemos nuestra carga, o la escondamos, continúa siendo una carga, y cuando la sobrepasamos, se convierte, como mínimo, en una victoria personal. Pero cuando le quitamos la tapa a nuestro cesto de basura, de nuestro pasado, se convierte en una bendición para todos los demás santos que están luchando en los bancos de la iglesia. Yo siempre he dicho, "Que tus pruebas paguen dividendos – doble por nuestro trabajo – y traigan a otros el alivio que necesitan". La única manera en que podemos hacer eso es moviéndonos solo dieciocho pulgadas hacia la victoria. Tenemos que ser liberados de la mentalidad que asocia nuestros fracasos con vergüenza, dándonos cuenta de que todo el mundo ha fracasado en algún punto de su vida. Imagínate lo que sucedería en el cuerpo de Cristo si fuésemos honestos los unos con los otros y dejáramos de vivir atrapados bajo un sudario de pretensiones y pretextos.

Como cristianos, nos hemos defraudado a nosotros mismos. Llegamos a la iglesia muy bien "hechos," cuando Dios lo que quiere es vernos "deshechos". Necesitamos dejar de querer hacernos ver mejor de lo que realmente somos. Necesitamos dejar de tener miedo de lo que la gente pensará de nosotros. Cuando la gente vea tu verdadero Yo, entonces verá al verdadero Jesús. ¡Hay una enorme bendición en la transparencia! La gente es más ministrada por nuestras debilidades que por nuestras perfecciones. Nuestras cicatrices cuentan la historia que la gente necesita oír, así que tenemos que dejar de esconderlas y mostrarlas al mundo entero.

Hace muchos años, el Espíritu Santo me dijo estas palabras: "No alteres el altar". Los altares se construían de piedras ásperas y sin labrar (Deuteronomio 27:6). Eran construidos para un propósito primario: para que un sacrificio pudiera ser puesto sobre él y quemado en el fuego. La atracción principal era el sacrificio, no el altar. Pero cuando el pueblo de Israel quiso hacerse el más lujoso, comenzaron a cubrir los altares con oro. Los altares eran tan impresionantes, que el sacrificio no parecía tan glorioso.[4] Eso es lo que sucede cuando queremos hacernos ver como mejor de lo que somos. Por fuera estamos pulidos a la perfección, pero El que verdaderamente es el centro de atracción, de repente ya no se ve tan impresionante. Aún los "grandes" han luchado y algunos han caído, pero han vivido para contarlo, y sus testimonios nos inspiran.

Dios Lo Usa Todo

Jesús le dijo a Pedro, "Simón, Simón, he aquí Satanás os ha pedido para zarandearos como a trigo; pero yo he rogado por ti, que tu fe no falte; y tú, una vez vuelto, confirma a tus hermanos". (Lucas 22:31-32). Lo que Jesús realmente le estaba diciendo era: "Vas a recibir una pequeña grieta en tu fe, mi querido Pedro. Te vas a caer del mapa espiritual por un corto tiempo – pero no te preocupes, Pedrito, estoy orando por ti. ¡Estoy orando que no te des por vencido en la batalla! Y cuando regreses, y estoy seguro de que regresarás, no lo escondas. Supera el dolor y la vergüenza. Utiliza tu horrible fracaso para animar a otros. Permítele al Espíritu Santo extraer de tu horrible experiencia algo substancial para ayudar a otros."

Tal vez por eso es que Pedro escribió en 1 Pedro 5:8, "Sed sobrios, y velad; porque vuestro adversario el diablo, como león rugiente, anda alrededor buscando a quien devorar". Pedro sabía que en el pasado él había sido todo menos sobrio. Al contrario, estaba lleno de orgullo, y cuando tú estás lleno de orgullo, eres presa fácil para el enemigo.

Mira la frustración de Pablo con el fracaso y la derrota. Lo escribe en su página de "Facebook" y la de "Twitter". En Romanos 7 dice (y estoy parafraseando), "Lo que quiero hacer es precisamente lo que no hago, y las cosas que no quiero hacer son las que termino haciendo. ¡Oh, hombre malvado y perverso que soy! ¿Quién puede salvarme de este cuerpo de muerte?" (v.19-24) *¿En serio, Pablo? ¿En serio? ¿Estás bromeando?* ¿Cómo pudiste permitir que esto se sepa? ¿Tú, un santo con luchas? Peor aún - ¿Tú, un santo que camina en dos aguas? ¿Eres un apóstol que no hace lo que quiere hacer y hace lo que no quiere hacer? ¡Qué barbaridad! Pero porque Pablo confiesa su desastre, ¡Dios le saca un mensaje! En Romanos 8:1, Pablo escribe, "Por tanto, *ninguna condenación hay* para los que están en Cristo Jesús." (énfasis añadido) El dolor de Pablo ahora se convierte en mi ganancia. ¡Su lucha ha sido reciclada para traer esperanza a mi vida llena de luchas! ¡Su carga se ha convertido en una bendición para mi cargado corazón!

Pero, ¿puede Dios verdaderamente usarlo todo, aún los pecados más horrendos? ¿Es posible para Él reciclar el adulterio, asesinato, el aborto, la muerte de un niño? Tal vez estarás pensando, "¡Vamos! ¡No lo creo! ¿Cómo es posible que una situación horrenda le de esperanza y posiblemente ministre a otra persona?" Bueno, el Rey David estaba vestido con sus ropas reales, pero debajo de todo ese perfume se encontraba el mal olor de la muerte luego de que hizo asesinar el esposo de Betsabé para poder casarse con ella. Pocas personas sabían lo que David había hecho, pero Dios envió al profeta Natán a contarle una historia al rey sobre un hombre rico que le robó la oveja más preciada a un hombre pobre (2 Samuel 12).

Igual que muchos de nosotros, David no se vio a sí mismo en la historia hasta que Natán muy con mucho tacto le dijo, "Tú eres ese hombre. Tú eres el hombre que le robó a un hombre pobre su esposa aunque tú tienes un harén. Tú eres el hombre que hizo asesinar a este pobre hombre tan leal para cubrir tus huellas. ¡Sí, David, *tú* eres el culpable!" David hubiese podido inventarse cualquier excusa. Pudo haber dicho, "Pues, no debió de haberse estado bañando en el techo desnuda, a plena vista del palacio". Pero no lo hizo. Simplemente dijo, ¡Sí, yo soy ese hombre! Y una vez David confesó su pecado, Dios derramó una unción que ministraría a otros.

La clave para el avivamiento es, "Confiésalo" - ¡No lo disfraces! Inmediatamente luego de que David confesó el error que había cometido, Natán le dijo, "También Jehová ha remitido tu pecado; no morirás." (2 Samuel 12:13). Imagínate eso. Si somos prontos para confesar nuestro pecado, ¡Dios es pronto para perdonarnos!

Ahora, del desastre podemos extraer el mensaje. Dios recicló la asquerosa basura de David y la convirtió en un tesoro para todo corazón temeroso que quiera venir tras él. El Salmo 32 fue sacado de esta horrible experiencia. Leamos algunos de estos versículos a través de este lente:

Bienaventurado aquel cuya transgresión ha sido perdonada, y cubierto su pecado. Bienaventurado el hombre a quien Jehová no culpa de iniquidad, y en cuyo espíritu no hay engaño. *Mientras callé, se envejecieron mis huesos* en mi gemir todo el día. Porque de día y de noche se agravó sobre mí tu mano; se volvió mi verdor en sequedades de verano. Selah. *Mi pecado te declaré, y no encubrí mi iniquidad. Dije: Confesaré mis transgresiones a Jehová; y* Tú perdonaste la maldad de mi pecado. Selah. (Salmos 32:1-5, énfasis añadido).

Yo antes leía esos versículos como si un Dios cruel y justiciero estuviese apuntando su dedo acusador hacia David diciéndole, ¡*Tú eres ese hombre*, tú asqueroso y bueno para nada! Pero en realidad, Dios le estaba diciendo, "David, tú eres el hombre. Mientras te mantengas callado, tu unción no puede fluir. Extraño aquellas canciones que me solías escribir. Extraño mi tiempo a solas contigo. Por favor, no me ignores más. Déjame esquilar la culpa de tus espaldas para que pueda ser untada sobre el dolor y la culpa de otras personas. Simplemente entrégamela y mira lo que yo puedo hacer con ella."

¿Lo puedes entender? La boca que metió a Pedro en problemas fue la misma boca, ahora reciclada, que predicó algunos de los más maravillosos y efectivos sermones que jamás se hayan predicado. Pablo, el farisaico, asesino legalista que una vez produjo nada sino muerte, ahora reciclado se convierte en uno de los más grandes mensajeros de la libertad y la gracia de Dios.

¿Y qué tal de Noemí? Ella dijo, "Ya no me llamen Noemí. Llámenme

Mara, amarga, porque en grande amargura me ha puesto el Todopoderoso" (Véase Rut 1:20). Mientras yo leía estas palabras, el Espíritu Santo gritaba dentro de mi espíritu, "No, Noemí, no te llames amarga yo he preservado tu vida con un propósito. Tú no sabes esto, Mi preciosa hija, pero tu Dios puede hacer vino muy fino de las uvas amargas. Él da el aceite de gozo a cambio del espíritu de pesadez." La sabiduría que Noemí no tuvo para sí misma la tuvo para con Rut porque, de alguna manera, ella entregó su amargura y dolor. Noemí le permitió al Espíritu Santo que le hiciera un "lavado intensivo," y así el yugo fue quebrantado y la unción liberada.

Sabemos del pasado de Noemí que cuando había hambruna en la tierra, su tendencia era huir. Pero esta vez animó a Rut a que fuera al campo de Booz y recogiera grano allí. Lo que Noemí no sabía era que, al no reaccionar como lo había hecho en el pasado, cambió no solamente la trayectoria de su vida, sino que cambió el curso de la historia.

Cuando Noemí animó a Rut a recoger espigas en el campo de Booz, ella no tenía ni la más mínima idea de que su nuera Moabita algún día muy cercano daría a luz un bebé que sería parte de la genealogía de Jesús. Ella no sabía que, al exhortar a Rut que no huyera porque sabía que Dios iba a proveer, su tataranieto sería un salmista, asesino de gigantes, y un hombre con un corazón conforme al corazón de Dios. Si ella no hubiese sido esquilada, su unción hubiese permanecido encerrada adentro, confinada en su decepción y dolor, y ella no hubiese podido compartir la esperanza con Rut. La historia comienza con una hambruna, ¡pero termina con una cosecha de justicia que todavía sigue siendo cosechada hasta el día de hoy!

Charles Spurgeon dijo, "¿Por qué tememos las nubes que oscurecen nuestro cielo? Es cierto que por un momento las nubes oscuras ocultan el sol, pero el sol no se ha extinguido y pronto volverá a brillar otra vez. Mientras tanto, esas nubes están llenas de lluvia, y mientras más oscuras son, más probabilidades hay que traigan abundantes chubascos. ¿Cómo podemos tener lluvia sin nubes? Nuestros problemas siempre nos han traído bendiciones, y siempre lo harán, porque son los carruajes oscuros de la gloriosa y resplandeciente gracia de Dios. Dentro de poco, esas nubes se vaciarán, y toda tierna planta se regocijará debido a los chubascos."[5]

Dicen que A.W. Tozer a menudo se sentía como un miserable fracaso,[6] y Andrew Bonar dijo que a menudo sentía profundo arrepentimiento.[7] Todos somos iguales por dentro. Igual que el aceite de la unción era una combinación de lo dulce con lo amargo, y tenía especias para vivir y especias para el entierro, así mismo sucede con nosotros. Nuestra unción viene de nuestras victorias tanto como de nuestras derrotas. Nuestro desastre es la medicina para otros.

Me siento tan contenta que estos grandes hombres del pasado hayan escrito sobre sus luchas y sus miedos. Me alegra tanto a mí que hayan puesto en papel sus debilidades. Esas son precisamente las cosas que le han dado a gente como yo esperanza. Me encanta escuchar hablar de los éxitos de otros, pero esas victorias no me edifican de la misma manera que la historia de un hombre caído – uno que se encontraba en el piso y fuera de combate – que se levantó y cruzó la línea de llegada en la carrera porque Dios aún no había terminado con su vida.

Mira cómo Dios redirige, recicla, transforma y da un nuevo propósito a tantos diferentes tipos de personas y circunstancias. Esto testifica sobre el hecho de que no hay nada, absolutamente nada. ¡Ni una sola cosa, que el Maestro no pueda redimir para Su gloria! El Señor nunca descalifica a nadie. ¡Quien único te puede descalificar eres tú mismo!

Permíteme terminar con esta historia. Tuve la oportunidad de ministrar en la Prisión Estatal Angola en Luisiana. Compartí esta ilustración sobre la lana de las ovejas y el aceite puro, y luego de la reunión, un confinado estaba esperando para hablar conmigo. Cuando llegó a donde yo estaba, me entregó una pequeña guitarra. Procedió a contarme que la hizo de la madera devastada que quedó luego del Huracán Katrina. Me dijo que recogió todas las piezas rotas, suavizó los bordes rudos, las lijó, y las volvió a unir con pega. La pulió, la selló, le puso cuerdas, y ahora es un hermoso instrumento, elaborado perfectamente para crear música para Dios.

Eso es lo que Dios hace con nuestras vidas. Junta *todas* las piezas rotas, nos vuelve a unir, suaviza los bordes ásperos, y nos pule con mucha paciencia para que nuestras vidas puedan convertirse en una hermosa melodía para darle a Él la gloria. Nuestras vidas se convierten en instrumentos de adoración. Pero tenemos que poner todas nuestras piezas rotas en las manos que pueden convertirnos en algo hermoso. Estoy segura de que si todas esas piezas rotas en nuestra vida pudiesen hablar, dirían, "Este es el final del camino para mí. No hay manera de que a estas alturas de mi vida yo pueda ser reciclada o transformada en algo con propósito." Pero solo Dios conoce el inmenso potencial aun dormido en cada vida. Nunca es el final del camino cuando algo es puesto en las manos del Maestro que sabe cómo recrear obras maestras. Es solamente el fin de ese camino en particular.

¿Puedes imaginar lo que yo hubiese pensado si el hombre en la prisión de Angola me hubiese entregado el instrumento pulido sin decirme de dónde salió la madera? Imagina si yo no hubiese sabido nada sobre la violenta tormenta que arrasó con todo y todo lo que esta madera tuvo que sobrellevar. Imagina que yo no hubiese sabido nada de la historia detrás de la creación de este instrumento. Si no hubiese sabido todas etas cosas, yo hubiese pensado que la guitarra simplemente era un instrumento hermoso hecho de madera perfecta, tomada de un árbol perfecto, plantado en un bosque con un clima perfectamente controlado. No hubiese tenido ningún significado real para mí. Probablemente me hubiese impresionado más con el instrumento que con aquel que vio en lo que un pedazo de madera destruido y dañado por el agua se podía convertir.

Eso mismo es lo que sucede cuando permitimos que la gente nos admire por quien somos en vez de decirles de dónde venimos. Eso es lo que pasa cuando olvidamos contarle a la gente que el pecado había destrozado nuestras vidas pero que un misericordioso Dios nos vio como un instrumento pulido mucho antes de que fuésemos algo ni siquiera remotamente parecidos a lo que Él nos ha llevado a ser. Oh, qué flaco servicio le hacemos al nombre de Dios y a aquellos a quienes les ministramos. Es en el compartir de esas cosas personales y a veces dolorosas que la esperanza nace para todos.

Oh, no nos equivoquemos, sí que tenemos tremenda historia que contar una vez nos armamos de valor para ser honestos y compartirla. Yo sé cómo se siente cuando piensas que eres un pedazo de basura, pero también sé cómo se siente ser reciclado, transformado, y redirigido al propósito de Dios por Su gracia. Por el lugar donde he estado, sé cómo se sienten otros y por esa razón puedo ver su potencial no explotado. Sería una verdadera lástima si yo estuviese satisfecha con lo que Dios ha hecho por mí y simplemente me guardara para mí la historia de cómo transformó mi vida.

Somos el ungüento para el cansado, el bálsamo para el quebrantado, vendaje para los que han sido quemados, y medicina para este mundo enfermo en pecado. Así que permitámosle al Espíritu Santo levantar nuestra carga y romper el yugo para que lo que es verdaderamente valioso pueda ser extraído. Definitivamente, ya está dentro de nosotros. Sólo nos encontramos a unas simples dieciocho pulgadas de la victoria si le permitimos al Espíritu Santo usar nuestro pasado. Como dice en 1 Juan 2:27, "Pero la unción que vosotros recibisteis de él permanece en vosotros, y no tenéis necesidad de que nadie os enseñe; así como la unción misma os enseña todas las cosas, y es verdadera, y no es mentira, según ella os ha enseñado, permaneced en él".

Oremos

Precioso Espíritu Santo, por favor abre mis ojos para que pueda ver que la basura de mi pasado se puede convertir en el tesoro de otra persona hoy mientras comparto con ella en total honestidad lo que Tú puedes hacer con una vida, sin importar cuán maloliente sea en el presente. Dame el valor para compartir lo bueno, lo malo, y lo feo, y ayúdame a contarles a otros cómo Tú reciclaste todos mis miedos, inseguridades, y fracasos. Señor, permite que tu obra de gracia continúe a través de mi testimonio. En el nombre de Jesús, Amén.

CAPÍTULO 10 – ACCESO TOTAL

No hace mucho tiempo mi esposo y yo fuimos invitados a una conferencia en una mega iglesia. Los oradores principales eran algunos de los predicadores y maestros más reconocidos de la época, y los más famosos líderes cristianos estaban presentes. Fuimos invitados como huéspedes porque nuestro hijo Chris iba a hablar sobre los ministerios a la juventud y jóvenes adultos en una de las sesiones.

Cuando llegamos al vistoso hotel donde nos íbamos a quedar, había una escolta esperando por nosotros. Se presentó y nos dijo que sería nuestro chofer desde el hotel a la conferencia ida y vuelta. También nos dijo que estaba disponible para cualquier cosa que necesitáramos, incluyendo café de Starbucks. Nos dijo, "Sólo díganme lo que quieren, cuándo lo quieren, lo que sea, día o noche. Yo voy a estar estacionado aquí para satisfacer todas sus necesidades."

Cuando lo dejamos abajo, subimos a nuestro cuarto para soltar nuestro equipaje, y esperándonos estaba una inmensa canasta de regalo muy fina. Estaba llena de aguas exóticas con nombres que yo nunca había escuchado, meriendas exóticas que nunca había visto, y frutas que parecían haber sido escogidas de la Tierra Prometida – las uvas y las peras eran gigantescas. Cuando al fin logré llegar al fondo de la magnífica canasta, encontré dos cajas bellamente empacadas con nuestros nombres escritos. Eran regalos, seleccionados cuidadosamente y hechos a la medida especialmente para mi esposo y para mí. ¡Increíble! Y como si esto fuera poco, ¡encontramos una invitación al hogar de este famoso pastor cuya iglesia estaba auspiciando la conferencia! ¡Ahora el sudor estaba rodando por mi ceja alzada!

Dejamos la hermosa canasta y regresamos al vestíbulo para proseguir a la conferencia. Según prometido, nuestra escolta nos estaba esperando, listo para llevarnos a donde quisiéramos ir. Cuando caminamos hacia él, nos entregó un bolso, un brazalete, y una chapa distintiva con las palabras "Acceso Total". Nos dijo que estos artículos nos darían acceso al salón de descanso donde los oradores invitados comerían y descansarían durante el día. Nos dijo que todo sería completamente *gratis*. "No tienen que salir del hotel para nada," añadió. Entonces nos informó que teníamos asientos reservados cerca del frente del masivo auditorio.

Me estaba sintiendo un poco abrumada, y un poco incómoda, aun temerosa. Me sentía como que estaba totalmente fuera de grupo, como que no pertenecía allí. Yo soy de Nueva York y la amabilidad de esta iglesia me estaba poniendo nerviosa. ¿Qué era lo que esperaban de nosotros y porqué estaban siendo tan amables? Así que, no hace falta ni decirlo, no nos sentamos en los asientos que nos habían reservado. Nos sentamos en la parte de atrás en la planta alta. Nunca entramos en el salón de descanso, aunque si le dimos una ojeadita o dos desde afuera. Básicamente nos quedamos en las afueras del salón, rondando el perímetro, observando a los otros huéspedes entrar al salón.

Junto con nuestros pases de "Acceso Total," nos dieron una llave. Esta era para uso en el hotel, y era la llave para todo lo que era *gratis*. La llave era para acceso a la suite de lujo del mayordomo, así que nos daba acceso a desayunos, meriendas y aperitivos gratis. El cuarto estaba lleno de amenidades *gratis*, ¡pero nosotros no lo sabíamos! ¡Nuestro hijo lo sabía! Él y su esposa estaban comiendo como locos. Él pensó que nosotros lo sabíamos, pero, tristemente, no lo sabíamos. Nosotros estábamos pagando por todas nuestras comidas.

Teníamos en nuestras manos el bolso, el brazalete y la chapa distintiva, pero, como nos sentíamos que no nos habíamos "ganado" ninguno de estos privilegios, no pensamos que nos los merecíamos. Entonces de repente me di cuenta, y recibí esta profunda revelación: básicamente, ¡estábamos recibiendo este trato de realeza por nuestro hijo! Nosotros no teníamos acceso por nada que nosotros hubiésemos hecho; era la "conexión" con nuestro hijo la que nos consiguió asientos reservados, hermosos regalos, privilegios en el salón de descanso, y una invitación personal a la casa del pastor.

No fueron mis muchos años en el ministerio los que me llevaron a ese lugar; fue la "conexión" con mi hijo única y exclusivamente la que abrió esa puerta. Es como la conexión que tenemos con Jesús. ¡El Hijo de Dios nos da privilegios que nunca hubiésemos podido merecer – el pan nuestro de cada día, libre de costo, de día o de noche; regalos hechos a la medida para nosotros; una invitación abierta al Lugar Santísimo; y asientos reservados en primera fila en el trono de la gracia!

En el último día de la conferencia, nuestra escolta nos dijo, "De verdad quieren que se sienten al frente en los asientos reservados para ustedes". Mi esposo y yo accedimos no de muy buena gana, y como reos camino al paredón de fusilamiento, caminamos por el *largo* pasillo hacia los asientos que habían reservado para nosotros. Cuando llegamos a nuestro lugar, no solamente vi que nuestros asientos tenían nuestros nombres escritos, sino que también me di cuenta de que habían permanecido vacantes todos estos días. Cuando me fui a sentar, la mujer sentada en el asiento al lado del mío saltó de su asiento y exclamó, "María Durso, ¿dónde habías estado? Te he estado esperando. ¡Ven y toma tu asiento!"

Yo sentí como si el Espíritu Santo estuviese causando que las palabras de esta mujer resonaran en lo más profundo de mí ser. *María, ¿dónde has estado? Te he estado esperando. ¡Ven y toma tu lugar!* Aquí estaba yo, con mi brazalete y mi chapa distintiva puestos y con mi bolso en la mano, sin embargo no estaba aprovechando el acceso que todos estos artículos me brindaban. En ese mismo momento, vi tan claramente la similitud con el pueblo de Dios. Tenemos nuestras Biblias, nuestras pegatinas en el automóvil, y nuestros enormes edificios, ¡pero muy poca gente se da cuenta que "Acceso Total" en verdad significa *"Acceso Total"*! ¡No creemos que "yo" o "alguien como yo" en realidad puedan tener el derecho a privilegios tan elevados!

Le dije, "Señor, ¿qué me pasa? ¿Por qué soy tan tímida cuando se trata de recibir Tus bendiciones?" La Biblia dice en el Salmo 119:130, "La exposición de tus palabras alumbra; hace entender a los simples." La Palabra de Dios me iba a dar un lavado de cerebro.

Sin Límites

Acceso Total: sin límites, sin restricciones.
Acceso: el hecho de llevar hacia, o moverse hacia; libre entrada, acercamiento.[1]

La Biblia nos dice que como creyentes en el nuevo pacto, todos tenemos acceso total. Todos tenemos acceso al nivel del mayordomo en el cielo. Efesios 2:18 dice, "porque por medio de él los unos y los otros tenemos entrada por un mismo Espíritu al Padre". Nosotros *todos* tenemos asientos reservados en el lugar más sagrado del cielo. El término *nuevo pacto* simplemente significa *"nuevo contrato"*. Un nuevo contrato ha sido pactado para abrirnos las puertas a un lugar que de otra manera nunca nos hubiesen permitido entrar.

En el Antiguo Testamento, el hombre común tenía absolutamente *prohibido* entrar a los lugares santos del tabernáculo. Afuera, sí; adentro, ¡no! El hombre común no pertenecía a la familia correcta, la tribu correcta, la secta correcta, o la genealogía correcta. No era "el tipo de persona correcto". Había nacido en el lado pobre del vecindario, por ponerlo de alguna manera. Era considerado indigno. Si yo hubiese vivido en aquellos días, mi *chapa distintiva* ciertamente hubiese dicho, "Cero Acceso".

Solamente el sumo sacerdote podía pasar tras el velo. El velo era una cortina gruesa – un muro imponente y masivo de separación que medía 60 pies de alto y 30 pies de ancho. Los historiadores judíos dicen que tomaba trescientos sacerdotes para poder moverlo. ¡Te garantizo que yo no hubiese querido estar cerca cuando les tocaba bajarlo, limpiarlo, y volverlo a colgar durante la limpieza anual!

El mensaje que Dios obviamente quería enviar era que había lugares en el tabernáculo que eran "fuera de límites". Si hubiesen existido letreros en esa época, los letreros en esas áreas hubiesen dicho, "¡Fuera de límites! ¡No entre!" Solamente el sumo sacerdote tenía el pase de "Acceso Total". Sólo él tenía acceso a los niveles de oro, el tope, y el nivel de mayordomo.

¡Pero aún el sumo sacerdote tenía sus restricciones! Solamente podía usar su pase de "Acceso Total" una vez al año en el Día del Expiación. ¡No era "Acceso Total" todo el tiempo! Si el sacerdote estaba en pecado delante de Dios, podía caer muerto detrás de esa gigantesca cortina, y alguien tendría que utilizar un largo bastón para poder sacarlo por debajo de la cortina. Así que, aunque la posición del sumo sacerdote era un privilegio, probablemente traía consigo mucho miedo, ansiedad, duda, y aun pánico.

Pongámonos en la posición de las temblorosas sandalias de este pobre sacerdote. ¿Te puedes imaginar lo que este pobre hombre pasaba la noche antes de entrar en el lugar santísimo? Probablemente estaría pensando, ¿Puse todos los puntos sobre todas las i's y escribí todo correctamente? ¿Le leí *toda* la ley a mi hijo? ¿Saqué la basura? ¿Fui amable con mi suegra? ¿Será hoy mi último día en la tierra? *¡Ay, Señor!*

Había mucho tormento ligado a la posición, porque si el sacerdote cometía un error, ¡podía terminar muerto! Pero aquí entra el Nuevo Testamento. En Mateo 27:51, la Biblia declara que cuando Jesús entregó Su Espíritu, simultáneamente, a varias millas de distancia en el templo, el velo masivo, ese imponente muro de separación, fue rasgado desde arriba hasta abajo.

Era como si unas manos invisibles hubiesen descendido desde el cielo y hubiesen rasgado las cortinas y las hubiesen hecho trizas. El cielo obviamente nos estaba enviando un mensaje. Ahora "todo aquel que cree" puede entrar (Juan 3:16). Otra persona pagó nuestra deuda. Otra persona fue santo en lugar nuestro. Ahora hay una puerta abierta dándonos libre acceso.

Cuando el velo se rasgó, el asiento de la misericordia quedó expuesto, y ahora hay una puerta de comunicación abierta entre nosotros y Dios, una puerta abierta para recibir revelación. Ahora podemos vivir en la presencia de Dios. Ahora *todos* nosotros podemos oír la voz de Dios. Así que la muerte de Jesús y ese velo rasgado dieron por terminado el sistema elitista de unos pocos, una vez al año, presentándose delante del Señor en el lugar santísimo. Ya no existe más "los que pueden" y "los que no pueden," los Judíos y los Gentiles, los esclavos y los libres. Rojos y amarillos, blancos y negros, todos somos preciados a Sus ojos. Ya no se trata de nuestra línea sanguínea y genealogía; ahora se trata de Su sangre.

Bajo el nuevo acuerdo, el ministro y el miembro laico *todos* tienen acceso total *todo el tiempo*. No sólo somos invitados a entrar, sino que nos invita a entrar tantas veces como queramos, y somos animados a entrar confiadamente (Hebreos 4:16). Esa es la postura que Dios quiere que tengamos. Él nos dice, "No entres pisando de puntillas y tímidamente". Él nos dice que entremos adentro como que pertenecemos adentro. Somos Sus hijos. Él nos está diciendo, "¡Ven adentro! Yo removí el velo. Ya no hay más lugares cerrados. La puerta está abierta. *Ven adentro.* ¡Te estoy esperando!"

Escucha, nosotros que somos malos sabemos dar buenas dádivas a nuestros hijos (véase Mateo 7:11). Nosotros como padres no esperamos que nuestros hijos vengan a nuestra casa con miedo. Esperamos que simplemente vengan. Ellos no tienen que traernos flores ni un pedazo de pastel. Ellos no son invitados; ellos son nuestros hijos. Mis hijos están casados, y ellos pueden venir a visitarnos cuando quieran. Podríamos estar en nuestra pijamas durmiendo con la puerta cerrada con llave, pero eso no los detiene. Mis nietos pequeños ya saben dónde escondemos la llave. Nada los detiene de entrar el cuarto y treparse en la cama con nosotros. Ellos saben que tienen acceso total *todo el tiempo* a cualquier cuarto en la casa. También saben que siempre son bienvenidos. Si alguna vez entrasen con miedo, yo me sentiría insultada y herida. Yo me sentiría como que ellos no saben que yo siempre quiero verlos.

Audacia: confianza libre y sin temor, valor animado, garantía.[2]

Tú y yo nunca tendremos que preocuparnos de caer muertos o ser rechazados por Dios, porque la base de nuestra audacia es la sangre de Jesús. Hebreos 10:22 dice, "acerquémonos con corazón sincero, en plena certidumbre de fe, purificados los corazones de mala conciencia, y lavados los cuerpos con agua pura". La única razón por la cual a nosotros se nos permite acercarnos a Dios con audacia es la sangre de Jesús. No es nada fuera de la sangre. Ya no somos forasteros, somos hijos, hijos con acceso detrás de las cortinas —¡hijos con acceso total a la alfombra roja, el salón de descanso y el nivel del mayordomo!

Levítico 17:11 dice, "La vida de la carne en la sangre está". Entonces, ¡la vida espiritual del creyente está en su fe en la preciada sangre de Jesús! Si nada fuera de la sangre pudo lavar mi pecado, entonces no hay nada más fuera de la sangre. Si nada fuera de la sangre me hace completa de nuevo, entonces no hay nada sino la sangre. ¡No es por mis obras ni mi ejecución! No conozco ninguna otra fuente que pueda lavar tan blanco como la nieve. ¡El único pago por nuestros pecados que el cielo reconoce es la sangre! Nos limpia; nos redime; nos justifica; nos cualifica.

En Éxodo 12:21-29, Dios le instruyó a los Israelitas que pusiesen la sangre de un cordero sin mancha sobre los postes de sus puertas. Entonces, y sólo entonces, el ángel de la muerte pasaría por encima y aquellos que se encontraran dentro de la casa vivirían. No podemos colgar nuestros sobres de los diezmos, o nuestras horas de servicio a Dios, sobre los postes de la puerta de nuestras vidas y recibir nueva vida. Todas esas cosas son buenas, pero nunca podrán reemplazar la sangre de Jesús.

En Levítico 1 da las instrucciones para que los pecadores puedan traer las ofrendas expiatorias al sacerdote. Había un requisito crucial: el cordero tenía que ser perfecto y sin pecado. Cuando él se paraba frente al sacerdote, quien serviría como juez y jurado, el pecador tenía que poner su mano sobre la cabeza del cordero. Al hacerlo, inmediatamente los pecados del pecador le eran imputados a ese cordero sin mancha, y la inocencia del cordero le era transferida a él. Esto es lo que conocemos como la doctrina de la sustitución. El cordero tomó el lugar del pecador – punto.

El sacerdote nunca ponía el pecador debajo de una lupa para inspeccionarle minuciosamente. Tampoco verificaba en su "Torah" si el pecador había completado su lectura bíblica correspondiente al día de hoy, o si tenía callos en sus rodillas para asegurarse de que pasaba un largo tiempo orando. No lo andaba vigilando para asegurarse que asistía frecuentemente a la iglesia. Lo único que el sacerdote inspeccionaba era el cordero. Lo mismo sucede con nosotros. Si de casualidad resbalamos, nos caemos, o tropezamos en algún pecado, Dios mira el Cordero sin mancha como nuestro sustituto. Nuestra vida está escondida en Cristo. Cuando el Padre nos mira, Él ve a Jesús. Es como si hubiésemos sido arreglados y retocados y todas las manchas y arrugas hubiesen sido removidas. Así es como Dios nos ve. Todavía somos nosotros, pero sin los defectos.

Es por la sangre que tenemos confianza. La palabra *confianza* es utilizada 31 veces en el Nuevo Testamento. La palabra significa firme e inquebrantable. Indica un sentido de completa libertad – libertad que viene de una relación íntima con Dios y total garantía de Su aceptación para con nosotros. Hebreos 10:20 nos dice que ese velo rasgado abrió un camino vivo y nuevo. Este camino está lleno de vida y nos refresca, no está lleno de muerte, condenación y duda. Jesús es la fuente de vida, no de muerte. Para aceptar esto, tiene que haber un cambio en nuestros paradigmas en el mismo núcleo de nuestro ser; de otra manera, viviremos como vivían los sacerdotes del Antiguo Testamento - bajo la ley de miedo y duda cada vez que nos acerquemos al trono. Es por eso que la Biblia nos advierte en Hebreos 10:35, "No perdáis, pues, vuestra confianza, que tiene grande galardón;" También dice en 1 Juan 3:21, "Amados, si nuestro corazón no nos reprende, confianza tenemos en Dios".

Todos nosotros pecamos. La palabra *pecado* simplemente significa no dar en el blanco. Nosotros *todos* hemos caído y fracasado y lo más probable estamos a una o dos pulgadas del blanco todos los días de alguna forma u otra. Así que cuando pecamos, Dios no quiere que nos pongamos a hacer gimnasia mental. No quiere que nos pongamos a inventarnos un plan para volver a ganarnos el favor de Dios. *¡Sólo confiésalo – no lo disfraces!* La palabra *confesar* no significa rogar, suplicar, o vivir en miseria. Simplemente significa ponernos de acuerdo con Dios en lo que concierne a nuestro pecado. El pecado no causa que perdamos nuestra posición con Dios, pero sí obstaculiza nuestra comunión con Él. Es igual que en la parábola del hijo pródigo: el hijo pródigo nunca dejó de ser un hijo, pero porque se fue muy lejos, perdió la comunión, la comunicación, y aún sus privilegios como hijo.

En la historia del hijo pródigo en Lucas 15:11-32, notarás que su padre nunca se movió de su posición como el padre del hijo pródigo. Mientras que el hijo pródigo se encontraba muy lejos, se acordó de la casa de su padre, y tan pronto se acordó, el hijo comenzó a pasar por toda esta gimnasia mental. Se dijo a sí mismo: "Ya sé. Regresaré y le diré a mi padre que ya no merezco ser llamado su hijo. Deja ver…. ¿cómo debo regresar? Ya sé lo que haré. Regresaré…. Mmmm… ¡como un sirviente!" Pero mientras él iba de camino hacia la casa, su padre salió y corrió hacia él. El padre no quería un discurso; ¡él sólo quería a su hijo!

La comunión fue restaurada inmediatamente – sin preguntas ni reclamos; ¡sólo el fuerte abrazo de un padre! A él no le importaba el mal olor de su hijo; no le importaba que su hijo pordiosero rompiera la ley y tocara cerdos inmundos; no le importaba que su hijo hubiera despilfarrado toda su herencia. Lo único que le importaba era que su hijo ahora estaba en casa, y mientras él tuviese comida, ropa, y un techo, su hijo tendría un lugar donde ir, algo para comer, y ropa para ponerse.

No había límites, no había condiciones a la cantidad de gracia que el padre tenía para darle a su hijo. ¡Increíble! Así de increíblemente extravagante es la gracia de Dios. Cuando pecamos, lo único que tenemos que decir es, "Lo siento tanto, mi Señor. Por favor, perdóname. Estoy de acuerdo contigo. Confieso que he fracasado y no he dado en el blanco, pero también estoy de acuerdo en que Tu sangre ha sido derramada para limpiarme y hacerme más blanco que la nieve." Mientras más entendamos la increíble y magnificente gracia de Dios, más rápida, profunda, y magnánima será nuestra confesión. No trataremos de envolver nuestra confesión con mantos de culpa ni fantasiosas excusas. Estaremos eternamente agradecidos de que Aquel que nos conoce mejor que nadie quiera tan rápidamente librarnos de cualquier cosa que pudiera causar una brecha en nuestra relación. En Filipenses 3:3 somos exhortados a no poner nuestra confianza en nuestra propia carne.

¿Por Qué El Conflicto?

Así que seamos honestos, ¿por qué la lucha? ¿Por qué el conflicto interno? ¿Por qué la furiosa guerra? ¿Qué se encuentra a la raíz de este conflicto? ¿Cuál es el enemigo de nuestra confianza?

¡El enemigo de nuestra confianza es nuestra conciencia! Nuestra conciencia está en conflicto con nuestra confianza. ¿Qué exactamente es nuestra conciencia? Nuestra conciencia es nuestra alma y conocimiento más profundos. Es nuestro barómetro moral. Es donde se encuentran nuestra sensibilidad moral y nuestros escrúpulos. Fue puesta dentro de nosotros

por Dios para poder diferenciar entre el bien y el mal, y funciona en conjunto con la ley. Pero, ¿quién puede cumplir con la ley?

Romanos 7:14 dice, "Porque sabemos que la ley es espiritual; mas yo soy carnal, vendido al pecado". Lo que está diciendo es, "Yo simplemente no puedo cumplir con la ley". Date cuenta de esto: si violamos aunque sea una sola parte de la ley, ¡hemos violado toda la ley! Nuestra conciencia, que fue puesta dentro de nosotros por Dios, es la que nos impulsa hacia Dios. El problema con nuestra conciencia es que esa misma conciencia que nos condena, también nos acusa. *¡Nunca* se apaga! No está programada para recibir perdón. Es justo como la ley; solamente ve las cosas en blanco y negro. No puede ser satisfecha.

Igual que las tablas que Moisés cargó en el Monte Sinaí que fueron hechas de piedra pesada, dura y fría, así nuestra conciencia culpable y nuestra memoria acusadora es un peso demasiado pesado para cargar. Nuestra conciencia es nuestro fiscal, mientras nuestra confianza es nuestro abogado defensor. ¡Mi conciencia me mantiene consciente de *todos* mis defectos y debilidades y me recuerda por qué yo no "merezco" tener una relación con Dios y por qué no debería ir corriendo a Su presencia con audacia y confianza! Mi consciencia no quiere que yo fije mis pensamientos en Jesús (Hebreos 12:2). Quiere que fije mis pensamientos en mí misma, "el gran desastre". ¡La confianza, por otra parte, me mantiene consciente de quien Él es y en quien Él me convertirá!

Hebreos 9:9 nos dice que todas las ofrendas y sacrificios que eran ofrecidos bajo el antiguo pacto no eran suficientes para absolver la consciencia del adorador. Fíjate que la Biblia declara que era la conciencia de los adoradores la que necesitaba ser absuelta. No dice que todos los sacrificios eran incapaces de absolver de todo pecado al pecador. ¡No! El pecado era perdonado tan pronto el cordero era degollado. Lo que esos rituales no podían hacer era absolver la *conciencia* del adorador.

Imagínate el adorador, quien ama a Dios, quien quiere vivir rectamente y complacer a Dios. No importaría si trajo mil corderos perfectos; su conciencia nunca le dejaría sentirse en paz. Nunca podría ser liberado de su "conciencia" de pecado. Sabía teoréticamente que, de acuerdo al libro de Levítico, el derramamiento de la sangre de un cordero lo pondría de vuelta en la posición correcta, pero *en su corazón* siempre estaba consciente de que era un pecador. Nunca se sentía limpio. Se sentía como que no merecía ser perdonado.

Esta es precisamente la razón por la cual Dios desechó el sistema viejo y creó un nuevo acuerdo. Esta era la raíz del problema con el viejo pacto. ¡Era un "sistema roto," no en lo que respecta a Dios, sino en lo que respecta al adorador! Hebreos 7:18-19 dice, "Queda, pues, abrogado el mandamiento anterior a causa de su debilidad e ineficacia (pues nada perfeccionó la ley), y de la introducción de una mejor esperanza, por la cual nos acercamos a Dios". Y leemos en Hebreos 8:7-8, "Porque si aquel primero hubiera sido sin defecto, ciertamente no se hubiera procurado lugar para el segundo. Porque reprendiéndolos dice: He aquí vienen días, dice el Señor, en que estableceré con la casa de Israel y la casa de Judá un nuevo pacto."

¿Puedes verlo? Al adorador le era imposible sentirse limpio. Hebreos 10:2-3 nos dice que los sacrificios continuos eran solo un recordatorio de los pecados de la gente. En vez de sentirse limpios, se sentían más culpables. Si esos sacrificios hubiesen podido detener la culpabilidad – el sangrado y hemorragia de la derrota y el desánimo – entonces Dios no hubiese tenido que eliminar el ritual. Pero, ¡para poder detener el sangrado de la consciencia, nuestro Salvador, el Cordero perfecto, tuvo que derramar Su sangre!

C.S. Lewis describe la estrategia de Satanás muy elocuentemente en su libro *The Screwtape Letters*. Lograr que los cristianos se preocupen por sus fracasos, y de ahí en adelante, la batalla está gana. Hebreos 10:21-22 dice, "y teniendo [lo que significa que ya está hecho] un gran sacerdote sobre la casa de Dios, acerquémonos con corazón sincero, en plena certidumbre de fe, *purificados los corazones de mala conciencia*, y lavados los cuerpos con agua pura." (énfasis añadido). ¡En este contexto, una mala consciencia culpable solamente se encuentra en alguien que siempre está bajo la acusación del pecado o en alguien que siempre está pecando!

Una mala consciencia culpable siempre acusa la obra terminada de Cristo. Te susurra, "Lo que Cristo hizo es bueno, ¡pero no es lo suficientemente bueno como para permitir a alguien como tú entrar en Su presencia libremente, sin ataduras!" Te dice, ¡Tiene que haber algún requisito! La voz de la consciencia culpable te oprime y te mantiene en cautiverio. Crea una prisión auto impuesta que nos mantiene en la inseguridad. Una mala consciencia extermina tu confianza. Es un "bravucón" que nos golpea todos los días. Es mi crítico interior, mi árbitro personal. Constantemente me cuenta las faltas y me arrastra de vuelta a la "escena del crimen". Me lleva a sentir odio hacia mí misma y vergüenza. Mi mala consciencia me dice que no soy lo suficientemente buena – que no soy la sierva escogida de Dios. No soy aprobada por el gobierno. No soy el tipo correcto de persona. Él nunca se sentirá satisfecho del todo conmigo.

¡Una consciencia culpable no le permite a Dios amar todo el desastre que hay en mi vida porque siento que primero tengo que arreglar todo el desastre en mi vida para que entonces Dios pueda amarme! Me lleva a ver a Dios como uno de los jueces en el programa de televisión de cocina *Chopped*. En el programa, cuatro chefs reciben cuatro canastas llenas de ingredientes raros que son poco comunes y normalmente nunca se prepararían juntos. Los chefs tienen que descifrar qué exactamente son los ingredientes y cómo prepararlos de una manera que los haga suculentos.

Esto tiene que ser hecho entre quince y treinta minutos, dependiendo de la ronda. Oh, no se me puede olvidar que la presentación también es un factor importante. En cada ronda– aperitivos, plato principal, y el postre – un chef es "eliminado". Tal vez porque la comida tenía mucha sal, o no sabía lo suficientemente sabrosa, o estaba muy empapada, o un poco cruda, o cocinada demasiado tiempo. Cualquiera que sea la razón, le dicen, ¡Has sido eliminado!

Bueno, a veces la vida se parece exactamente a ese programa de televisión. Nos entrega una canasta con ingredientes que no hacen ningún sentido. Sentimos que tenemos que encontrarle las soluciones a nuestros complicados desastres en tiempo record, sin ayuda alguna. Sintiéndonos abrumados, la mayoría de las veces tratamos de compensar en exceso, y otras veces no hacemos suficiente. Perdemos el control, nos airamos, usualmente sintiéndonos como que nuestro comportamiento como hijos de Dios es menos de lo aceptable. Escuchamos una voz muy profundo dentro de nuestro ser diciendo, ¡Has sido eliminado! Y, pensando que es la voz de Dios, ¡terminamos sintiéndonos como "el peor desastre del mundo"! ¡Salimos de "la competencia" sintiendo que nunca dimos el grado!

Pero aquí están las buenas noticias: Hebreos 9:14 dice, ¿Cuánto más la sangre de Cristo, el cual mediante el Espíritu eterno se ofreció a sí mismo sin mancha a Dios, limpiará vuestras conciencias de obras muertas para que sirváis al Dios vivo? ¿Cuáles son esas obras fútiles y muertas que nos llevan a la muerte espiritual? Es continuar en ese vicioso círculo interminable de culpa y odio a ti mismo que no te lleva a ninguna parte. Es esforzarte remando para tratar de llegar por tus propias fuerzas. Es tener buenas intenciones con malos resultados. Cuando vivimos una vida intentando ganar la aprobación de Dios todos los días, entonces no somos en nada diferentes a esos sacerdotes del Antiguo Testamento.

Cuando Jesús expiró en la cruz, dijo, "Consumado es" (Juan 19:30), entonces se sentó a la diestra del Padre (Marcos 16:19), y ahora intercede por ti y por mí (Romanos 8:34). ¡Él está orando que nosotros sigamos hacia adelante en nuestra relación con Él sin miedo ni dudas! La sangre de Jesús le pone fin a todas nuestras obras infructuosas para que podamos tener una relación real con Dios. Eso es lo único que Él siempre ha querido desde el momento en que creó la raza humana – ¡Quería a alguien sobre quien derramar Su amor y Su vida misma!

La deuda que una vez debíamos nunca podrá ser repagada, y Dios no espera que nosotros le paguemos de vuelta a Él. Así que, lógicamente, entonces debemos pagarla a otros. La única deuda pendiente que tenemos es amarnos los unos a los otros (Romanos 13:8). ¡Eso es todo! Eso es lo único que se espera que nosotros paguemos. ¡Solamente debemos pagar de ahora en adelante con el amor de Dios a nuestros semejantes! Hacia adelante es donde se encuentra toda la acción – ¡viviendo en total libertad, libre de deudas! ¡Debemos vivir para dar la misma misericordia que nos ha sido dada! Debemos amar con la misma medida con que hemos sido amados. ¡Yo sé que eso es lo único que puede complacer el corazón de Dios!

El apóstol Pablo le dice a Timoteo, su hijo en la fe, "La única manera en que puedes pelear la buena batalla de la fe es agarrándote de la fe y una buena consciencia" (1 Timoteo 1:18-19, parafraseado). Ese es el dúo dinámico. ¡Es la combinación ganadora! Pablo le está advirtiendo a Timoteo que no hay otra manera de salir victorioso de la traicionera batalla del día a día. Tenía que *agarrarse fuertemente* a la fe y una buena consciencia.

Lo mismo es cierto para ti. Nunca te sueltes de estos dos vitales ingredientes:

1. Fe – en la obra terminada de Jesucristo, no fe en tu fe o fe en tus buenas obras.

2. Una buena consciencia – el conocimiento de que tienes el favor con Dios por la sangre de Jesús. Tenemos que alinear nuestra conciencia con la Palabra de Dios. Si la Palabra dice que Dios está satisfecho y que la deuda ha sido cancelada, entonces debemos por fe hablar la Palabra de Dios a nuestra conciencia acusadora. Si la conciencia sabe que Dios está satisfecho, entonces nuestra conciencia estará satisfecha.

La revelación de esta palabra trae una revolución. Este es el pensamiento revolucionario que tiene que ocurrir muy adentro en lo más profundo de nuestro ser, en esas dieciocho pulgadas que hay entre la mente y el corazón. Apocalipsis 12:10-11 dice, "Entonces oí una gran voz en el cielo, que decía: Ahora ha venido la salvación, el poder, y el reino de nuestro Dios, y la autoridad de su Cristo; porque ha sido lanzado fuera el acusador de nuestros hermanos, el que los acusaba delante de nuestro Dios día y noche. Y ellos le han vencido por medio de la sangre del Cordero y de la palabra del testimonio de ellos, y menospreciaron sus vidas hasta la muerte". Este es el corazón del asunto. ¡La sangre de Jesús finaliza toda conversación con nuestra conciencia cuando declaramos que la sangre nos ha dado "Acceso Total"!

¡La sangre selló el pacto! ¡Ya no somos muertos en vida, sino que estamos llenos de vida por siempre! Caminemos ese tramo de victoria de dieciocho pulgadas. ¡Dejemos el camino de culpa y vergüenza, y caminemos dieciocho pulgadas hacia el camino de la libertad!

Justo como me dijo la mujer en la conferencia, así yo también creo que el Espíritu Santo te está diciendo a ti mientras lees estas Palabras: (Coloca tu nombre aquí ahora), ¿dónde has estado? Te he estado esperando. ¡Ven y toma tu lugar! ¡Nadie más puede tomar tu lugar! Tiene tu nombre escrito. ¡Tu espacio se quedará vacío porque nadie más puede tomar tu lugar! Dios te ha dado una invitación especial a Su casa. Tiene regalos hechos a la medida especialmente para ti. Hay un cuarto lleno de comida gratis para agasajarte – el pan de vida está esperándote en la mesa del Señor.

También nos ha sido dada una escolta personal. ¡Es el Espíritu Santo, el que nos dirige y nos guía a *toda* verdad!

No necesitamos el bolso, el brazalete o la chapa distintiva ¡porque todos tenemos *la sangre!* De ahora en adelante, vamos a mudarnos a una nueva dirección. Ya no vivimos más en la Avenida de las Lamentaciones, la Calle de la Depresión, o la Ruta de la Opresión. Ahora vivimos en la Calle de la Confianza, la Avenida de la Aprobación, la Carretera del Amor, y el Boulevard de la Audacia ¡porque ahora *todos* tenemos *acceso total!* ¡Estas son las buenas nuevas del evangelio! ¡*Aleluya!*

Oremos

Padre, gracias por enviar a Jesús en mi lugar. Gracias, Jesús, por derramar Tu preciosa sangre por todos los pecados – los que he cometido y los que voy a cometer. Nunca voy a pisotear al Hijo de Dios o insultar al Espíritu de Gracia por pecar a sabiendas y con toda la intención. Tampoco te insultaré ya más al no aceptar la obra terminada de la cruz, porque ahora entiendo que cuando dijiste, "Consumado es," quisiste decir exactamente eso. Nunca trataré de añadir nada más a lo que Tú has hecho, excepto pagar hacia adelante a otros la misericordia que Tú me has dado libremente por Tu gracia. En el nombre de Jesús, amén.

CAPÍTULO 11 – LLEGANDO A LA RAÍZ DE LA DEPRESIÓN

L a Biblia nos dice en Proverbios 12:25, "La congoja en el corazón... lo abate". Cuando pensamos en la depresión, naturalmente pensamos en una enfermedad de la mente, lo cual es definitivamente cierto desde el punto de vista médico. Estoy consciente de que existen ciertos desbalances químicos definidos en el cerebro que pueden causar cambios de ánimo extremos. Nosotros las mujeres sabemos todo acerca de esos desbalances cuando llegan "esos días del mes" y nuestras hormonas están totalmente fuera de control. Claramente, este versículo en Proverbios no está hablando de la depresión causada por una condición médica hormonal o química. Yo creo que claramente está hablando de sentirse abrumado por las circunstancias de la vida y las bolas curvas que ella nos lanza. Yo creo que se refiere a algo de lo que rara vez se habla: *¡la depresión espiritual!*

Casi todas las personas que se mencionan en la Palabra de Dios han sufrido de una forma u otra esta enfermedad, y, desafortunadamente, aún continúa afectando a muchos en el pueblo de Dios hoy en día. Muchas personas, sean salvas o no, están convencidas en su mente y en su corazón de que han sido abandonadas por Dios. Temen que Dios no puede ver su situación, o, peor aún, que la ve pero no le importa. En lo que respecta al miedo, preocupación, y ansiedad, no creo que existan áreas que estén fuera de límites. Yo creo que tanto la cabeza como el corazón están envueltos. Creo que las preocupaciones de la vida que tal vez empezaron en la cabeza muchas veces llegan a encontrar un hogar en el corazón.

El apóstol Pablo nos exhorta fuertemente en Filipenses 4:6-7: "Por nada (nada significa nada) estéis afanosos; sino sean dadas a conocer vuestras peticiones delante de Dios en toda oración y ruego, con acción de gracias. Y la paz de Dios, que sobrepasa *todo* entendimiento, guardará vuestros *corazones y vuestros pensamientos* en Cristo Jesús" (énfasis añadido). Aquí vemos claramente que alimentar los pensamientos de ansiedad infiltra tanto la cabeza como el corazón. Pablo le pide a Dios que los guarde a ambos, porque una vez la ansiedad echa raíces, la depresión seguramente viene detrás de ella.

¿No es razonable pensar que episodios de depresión puedan ocurrir cuando el corazón está sobrecargado? Proverbios 12:25 parece concentrarse en el corazón como la base donde la ansiedad establece su morada y entonces se esparce y se entreteje en las fibras de toda nuestra vida. ¿Será posible que cuando el cerebro de nuestro corazón está inundado con pensamientos ansiosos, nuestro ánimo y nuestra perspectiva de la vida y de

Dios se ven afectados? David dijo sobre su corazón en el Salmos 61:2, "Cuando *mi corazón* desmaye, llévame a la roca que es más alta que yo" (énfasis añadido).

Fíjate que David no dijo "si" mi corazón desmaya. No, él dijo, "cuando" mi corazón desmaye, lo cual significa que las circunstancias en la vida van a llegar y nos *van* a abrumar.

Además, dijo cuando "mi corazón" desmaye, ¡no cuando mi mente desmaye! Obviamente, David sufría de episodios de depresión "en su corazón," y necesitaba ser llevado a un lugar mucho más allá de las dieciocho pulgadas que hay entre el corazón y la mente.

David sabía que hacía falta mucho más que pensamientos positivos (aunque no hay nada malo con los pensamientos positivos) para dispersar la oscuridad que estaba halándolo hacia el abismo de la depresión espiritual. David sabía que solamente la divina mano de Dios podría librarlo de esa atracción tan fuerte como la gravedad que trataba de hundirlo. Sabía que sólo la luz de Dios podría entrar y traspasar la oscuridad para darle la fe necesaria para seguir adelante.

La Biblia claramente declara que David sentía que *su corazón* estaba atrapado por pensamientos dañinos que le estaban abrumando, y podemos ver claramente por qué. Desde el momento en que Samuel ungió a David como el próximo rey, el cerebro del corazón de David tuvo muchas oportunidades para sentirse agobiado. Tuvo muchas oportunidades para recopilar data negativa. David no fue ni siquiera una consideración cuando Samuel llegó a ungir uno de los hijos de Isaí como el rey sobre Israel. Él fue simplemente una última opción, algo como, "Ah, sí, él. Se nos había olvidado David".

Yo sé que muchos de nosotros nos podemos identificar con ese tipo de actitud. Yo recuerdo cuando a mi esposo y a mí nos pidieron que pastoreásemos la primera iglesia que salió de *Brooklyn Tabernacle*. Muchas personas vinieron donde nosotros y nos dijeron, "¿Tú? ¿En serio? *¿Tú y Michael?*" En otras palabras, lo que estaban diciendo era, "¿No pudieron encontrar a nadie mejor que ustedes dos?" No lo decían en voz alta, pero sus expresiones faciales y lenguaje corporal lo decían alto y fuerte: ¡Ustedes no tienen el "material para ser ministros! Ustedes no han sido entrenados. Ustedes no vienen de una familia cristiana de pura cepa. Su árbol genealógico no está conectado a generaciones previas de cristianos que han dejado su marca en este mundo. En otras palabras, ¡Ustedes son 'don nadie y doña nadie!

Esas palabras, aun las que técnicamente no fueron dichas, penetraron muy adentro en la misma fibra de mi ser, y sentí por años que de alguna manera el Pastor Cymbala y los ancianos de la iglesia de seguro habían cometido un grave error. Nosotros no éramos finos, ni éramos eruditos, de ninguna manera. Aun ahora mientras escribo estas palabras, recuerdo haberle escrito algo a alguien, desahogándome y contándole lo que había en mi corazón. La persona nunca me comentó sobre lo que yo había escrito, sólo comentó sobre mis errores gramaticales. Dijo que era tan fastidioso cuando la gente utilizaba una cantidad excesiva de comas, y dejó de hablarme por décadas. ¡Así que aquí estoy, décadas después, tratando de salir de una leve depresión espiritual y dándole otra oportunidad a la escritura!

Algunos comentadores han dicho que David era un hijo ilegítimo porque no hay ningún record del nombre de su madre en su genealogía. Imagínate tener *todos* esos hermanos de la misma madre y el mismo padre, pero tu madre no aparece por ningún lado. David era solamente el "don nadie" de la familia que fue dejado atrás para guardar las ovejas. Era el "don nadie" que fue abandonado y tuvo que matar osos y leones para proteger la inversión de la familia. ¿Pensaría David también que era un "don nadie" en los ojos de Dios?

Pues, este "don nadie" fue el que se atrevió a dar el paso adelante para matar el burlón gigante, Goliat, pero aun en medio de tan extraordinario hecho, fue despreciado por el Rey Saúl por no tener la armadura adecuada. Entonces fue objeto de la burla de Goliat porque su arma era despreciable, por no decir inexistente. Ese "don nadie" mató el gigante y se casó con la hija del Rey Saúl como recompensa, sólo para que ella después le fuese quitada y entregada a otro hombre (2 Samuel 3:13-16).

Y la lista continúa extendiéndose. Fue perseguido por el Rey Saúl, el loco celoso, por aproximadamente diez años, y surgieron muchos escándalos en la familia de David. El hijo de David, Amón, violó su media-hermana Tamar. Entonces el hermano de Tamar, Absalón, asesinó a Amón para vengar la violación de su hermana. Luego Absalón trató de arrebatarle el reino a su padre David, causando división. David no pudo haberlo dicho mejor cuando escribió las famosas palabras en el Salmo 23, "Aunque ande en valle de sombra de muerte, no temeré mal alguno; porque Tú estarás conmigo" (v.4).

Los valles son encerrados y oscuros y pueden sentirse un poco fríos. Este tipo de valles espirituales oscuros eran frecuentes para David. Los buenos tiempos casi siempre parecían ser opacados por una flecha de desánimo hecha a la medida para atravesar lo más profundo de su corazón. Así es la vida para muchos creyentes. Muchos creyentes consagrados que están demasiado familiarizados con el valle profundo. Conocen demasiado bien esos tiempos oscuros que parecen tan terribles y hasta parecen ocultar la luz de la presencia de Dios. Algunos experimentan valles tan profundos que no pueden ver la salida. ¿No es esto lo que grandes santos de la antigüedad llamaban "la noche oscura del alma"?

¡Esperanza En Dios!

¡Depresión en el corazón! Qué angustia debe haber vivido David; sin embargo, seguía manteniendo su mirada en el Señor…. O, debería decir, se obligaba a sí mismo a mantener su mirada en el Señor. En el Salmo 42:5, está anotado un incidente en el cual David le habla a su alma y le pregunta por qué - ¿por qué estás tan triste? Oh, David sabía exactamente el "por qué" mientras veía su vida pasar delante de sus ojos como una de las peores películas en la historia. Sin embargo, a través de todo esto, él continuamente le ordenaba a su alma que "esperara en Dios".

Vemos claramente a través de los Salmos que esta era la estrategia que David utilizaba para tratar con los pensamientos abrumadores de la desesperación. Mantenía los ojos de su corazón fijados, enfocados, clavados en el Señor. Él hizo lo que Hebreos 12:2 nos ordena hacer mucho antes de que esas palabras fuesen escritas. Aunque sus circunstancias apuntaban hacia el valle, ¡su corazón vivía en otro plano! David, el guerrero adiestrado, sabía que si los ojos de su corazón se extraviaban, entonces la oscuridad ganaría, y eso no era ni siquiera una opción para él. David se rehusaba a vivir la vida en el valle cuando él sabía que el blanco al cual él estaba apuntando se encontraba dieciocho pulgadas por encima de él.

Cada vez que presentaba su caso delante del Señor, le contaba su historia de aflicción mientras se hundía cada vez más profundo en la desesperación, de alguna manera miraba hacia arriba como si de repente le hubiesen puesto un cohete por debajo. Comenzaba el Salmo recontando sus tristezas y recordando sus enemigos, y entonces de repente lo terminaba recordando la bondad de Dios. ¿No es eso lo que nos mantiene caminando hacia adelante en los momentos oscuros? ¿Pero, es posible que sea realmente tan simple? ¿Cómo es posible mirar hacia arriba cuando nuestros corazones se sienten tan apesadumbrados por la desesperación?

David era un hombre joven tan disciplinado. Él hizo lo que la Biblia nos dice que hagamos en 2 Corintios 10:5: tomó todo pensamiento y lo llevó cautivo a la obediencia bajo la autoridad de Dios. Así como luchaba con el oso y el león, agresivamente luchó contra esos pensamientos que claramente sabía eran sus enemigos. Sabía que esos pensamientos habían llegado para hacerlo pedazos y destruir su vida. Así que los aplastó hasta que no les quedara vida en ellos. Utilizó las mismas tácticas de guerra en el valle espiritual que había utilizado en el valle mientras cuidaba las ovejas. Sabía que cuando los pensamientos depresivos entraban a su corazón, su corazón se convertía en la oveja que había que salvar. ¿Y qué puede salvarnos de la trampa de los pensamientos negativos fuera de la Palabra de Dios?

La Biblia nos dice que la Palabra de Dios es viva y eficaz (Hebreos 4:12). Eso significa que tiene vida y energía. Tiene movimiento. Es un arma por derecho propio. Cada palabra escrita en cada página cobra vida según la recibimos en nuestros corazones. Entonces se convierte en nuestro combustible y hacen pedazos los pensamientos que nos quieren hacer pedazos a nosotros.

En el Salmo 27:3, David exclama, "Aunque un ejército acampe contra mí, *no temerá mi corazón*" (énfasis añadido). Entonces al final de ese salmo, en el versículo 13, dice, "Hubiera yo desmayado si no creyese que veré la bondad de Jehová en la tierra de los vivientes." Así que una y otra vez, cuando David veía el enemigo de los pensamientos negativos tratando de ocupar un lugar en los espacios más profundos de su corazón para establecer su morada permanente, él estratégicamente se disciplinaba para dirigir los pensamientos de su corazón hacia el Señor y Su Palabra. Al pensar en la Palabra de Dios – al esconder la Palabra de Dios en su corazón – ¡David podía ver el poder de la Palabra de Dios expulsando la oscuridad! Así que David, sin siquiera conocer los estudios científicos, estaba llevando el cerebro de su corazón a meditar en la bondad de Dios y Su fidelidad eterna.

Nosotros también podemos disciplinarnos para recibir la Palabra de Dios y superar los pensamientos negativos. Es como ejercicio para el cerebro de tu corazón. Está trabajando ese músculo cerebral para hacerlo más fuerte en vez de desmayarse a la primera señal de problemas. Pablo dice en 2 Corintios 4:16, "Por tanto, nuestro corazón no desmaya". Muchas veces cuando estamos luchando con situaciones dolorosas en nuestras vidas o verdades dolorosas sobre nosotros mismos, tendemos a mirar hacia adentro o alrededor de nosotros, y nos comparamos con otras personas. Pero te aseguro que mirar hacia adentro o mirar a tu alrededor nunca cambiará nuestra situación. Solamente nos causará ansiedad, magnificará nuestras debilidades, y nos mostrará cuan corruptos y desalineados son los pensamientos que acechan nuestros corazones.

En el Salmo 73 parece que el gran salmista Asaf estaba atravesando un episodio terrible de depresión espiritual. Él miraba alrededor y veía al impío prosperar. Hasta llegó a decir, "¡Ellos no tienen problemas como el resto de nosotros! Se jactan y hasta se burlan de Dios". (ver versículos 6-9). La canción más famosa de este líder de adoración era "Dios es Bueno". Pero el ponerse a mirar alrededor por poco hace que sus pies resbalen. ¡Por poco dice que Dios no es bueno! En los versículos 21-22 Asaf dijo, "Se llenó de amargura mi alma, y en mi corazón sentía punzadas. Tan torpe era yo, que no entendía; era como una bestia delante de ti" (Énfasis añadido). Lo que le hacía falta era una visita al templo, donde contempló la hermosura de Jehová, para darse cuenta de que Dios estaba cerca de él.

Asaf estaba deslizándose hacia una depresión espiritual. El enemigo por poco lo saca del camino y trató de quitarle su canción. Pero de alguna manera, logró fijar su vista en el Señor y continuó dirigiendo el pueblo en adoración ungida, ¡que es para lo que fue creado!

Génesis 6:5 dice que el Señor vio que *todo pensamiento del corazón humano era de continuo al mal*. Notemos que el Señor conoce cada pensamiento del corazón y Él ve su inclinación. Esto claramente nos dice por qué necesitamos que Jesús entre en nuestros corazones por el poder del Espíritu Santo. Es porque sin Él habitando dentro de nosotros, no hay manera de que podamos vencer contra el ataque del mal que viene a envolver el cerebro de nuestro corazón. Cuando pensamos en el mal, frecuentemente pensamos en asesinato, adulterio, avaricia, egoísmo, y lujuria. Pero hay otra clase de maldad en el cerebro del corazón humano que es absolutamente igual de destructiva. Es el mal que asesina las promesas de Dios y la esperanza que tenemos en Él.

Esos pensamientos negativos e imperfectos, pensamientos torcidos acerca de un perfecto, amable, y misericordioso Dios que realmente quiere rescatarnos de nosotros mismos, son probablemente más mortales que los tipos de maldad que normalmente creemos ser maldad; sin embargo, vivimos con pensamientos negativos y torcidos todos y cada uno de nuestros días. Pero es hora para un lavado de cerebro. Es hora de que los cerebros de nuestro corazón sean totalmente lavados, diaria y continuamente, de los pensamientos negativos sobre nuestro clemente y amante Salvador.

Miremos la vida de Elías, el profeta más poderoso que jamás haya existido. Hablemos de su batalla contra la depresión espiritual. Santiago 5:17 dice: "Elías era hombre sujeto a pasiones semejantes a las nuestras, y oró fervientemente para que no lloviese, y no llovió sobre la tierra por tres años y seis meses." Era un hombre lleno del poder de Dios pero también lleno de debilidades. Experimentó grandes altas y profundas bajas, igual que nosotros. Llegó a la escena de la historia así de la nada. La Palabra nos dice en 1 Reyes 17 que Elías era un hombre de poder; por su palabra dejó de llover y hubo sequía en Israel. El ministerio de este profeta estaba en su mejor momento. Si hubiese habido una gira de conferencias en esos días, Elías hubiese sido el orador más solicitado. Hubiese sido considerado el hombre de más influencia, y temeroso de Dios en su día. Su foto hubiese estado plasmada en la portada de todas las revistas espirituales. Hubiese escrito un libro llamado *Cómo sobrevivir una sequía de Tres Años y Medio y Mantenerte Saludable al Mismo Tiempo*, y ¡hubiese estado en el primer lugar de la lista de éxitos del *New York Times*!

Elías le hizo frente a un rey malvado. La Biblia dice que el Rey Acab era el rey más malvado de todos los reyes de Israel. Créeme, había maldad de sobra para escoger, pero Acab se llevaba el premio al más malvado. Elías obviamente era un hombre de valor y tenacidad para hacerle frente a Acab. No podía ser influenciado. No tenía ni una onza de ambivalencia en su cuerpo, aún si eso significaba poner su vida en peligro. Aun así, ¡la Biblia dice que Elías era un hombre "igual que nosotros"!

Tengo que admitir, ¡la previa descripción de Elías no suena nada parecido a mí!

Elías dijo que no llovería, y tal como lo dijo, no llovió por tres años y medio. Porque Acab estaba intentando matarlo, Elías se escondió por una temporada y durante ese tiempo tomó agua de un arroyo y recibía alimento de un cuervo depredador. Entonces, cuando el arroyo se secó, como suele suceder con los arroyos, Elías recibe nuevas instrucciones del cielo. El Señor a veces permite que los arroyos en nuestra vida se sequen para que no dependamos del arroyo, sino que dependamos de Aquel que le permitió al arroyo darnos el sostén. ¿No dijo Jesús, "No solo de pan vivirá el hombre, sino de toda palabra que sale de la boca de Jehová"? (Mateo 4:4) Así es exactamente como vivía Elías – por el mandato de Dios – y sin dudar ni quejarse fue a donde Dios le indicó que fuera.

En este punto de la vida de Elías, el Señor lo dirigió a ir a un pequeño pueblo llamado Sarepta. Déjame contarte algo acerca de este pueblo en particular. Aquí es donde vivía el suegro del Rey Acab. Era el hogar de la Reina Jezabel. Honestamente, si estás huyendo, escondiéndote precisamente de esta gente, el último lugar al que tú quieres ir a vivir es al pequeño pueblo del familiar cercano de tu archienemigo. Pero Dios prepara mesa para nosotros, aún en presencia de nuestros angustiadores. Dios sabe cómo escondernos en público.

En Sarepta, las necesidades básicas de Elías fueron suplidas por una pobre viuda que tenía un hijo. Cuando Elías la conoció, ella estaba a punto de hacerse una última cena para ella y su hijo con el poco aceite y harina que le quedaba, para entonces esperar el destino que les aguardaba a todos alrededor de ellos. Pero este hombre de Dios entró en la ciudad y le pidió a la "pobre viuda" un vaso de agua, y mientras ella iba a buscarlo, le pidió una hogaza de pan.

¡Eso parece tan maleducado y egoísta! Él no le pregunta que si por favor le puede dar un pequeño sorbo de agua para humedecer sus labios cuarteados por la sed y que comparta con él algunas pocas migajas de pan. No, le pide un vaso de agua – nada más y nada menos que durante una sequía – el cual ella muy amable y prontamente le suple. (¿Puedes imaginarte cederle tus últimas onzas de agua en medio de una sequía severa?) Entonces básicamente le dice, "Oiga, dama viuda, mientras me está buscando el agua, ¿Podría ir hasta su casa con las pocas fuerzas que le quedan y hornearme a *mí primero* una hogaza de pan? Tráigamela mientras yo descanso aquí un rato y entonces puede regresar a su casa y hornearse una hogaza de pan para usted y su hijo" (1 Reyes 17:13, parafraseado).

Ya él le había pedido agua, y no sólo ahora le pide otro artículo de mucho valor – pan – sino que su solicitud otra vez suena bastante insensible. Básicamente, él le estaba diciendo que aunque ella y su hijo se estaban muriendo de hambre, él quería que pusieran sus necesidades físicas y emocionales a un lado; pasaran por el tedioso proceso de hornear el pan, oliendo su aroma; ¡y entonces regresaran a donde él se encontraba esperando para que él comiera primero sin ellos tomar ni un bocado para que él pudiese comer *primero!* *¡Agotador!* Yo no sé cuánto tiempo tomaba hornear una hogaza de pan en esos días – amasar el pan sin los lujosos procesadores de comida que hoy tenemos, y entonces recoger madera para preparar el fuego – pero estoy segura de que tomaba mucho tiempo. ¡Si toma mucho tiempo aun en esta época hornear cualquier cosa, aún un pastel de caja, cuánto más en esa época!

Pero la viuda hace exactamente lo que el profeta le pide (1 Reyes 17:15). *¡Increíble!* Esta mujer es absolutamente la verdadera heroína de esta historia. Tal vez nosotros podríamos entregar nuestra propia comida, pero dime qué madre tomaría la comida de su propio hijo para alimentar un desconocido que se proclama ser un hombre de Dios. Yo podría tal vez compartir con él un pequeño pedazo de mi hogaza – un pedazo bien pequeño de mi pequeña hogaza – pero no me imagino hornear pan para otra persona, respirando su aroma mientras se hornea sobre ese horno caliente, escuchando mi estómago gruñir, y mirando mi pequeño hijo hambriento a los ojos quien probablemente estaba gritando, "Mami, ¿qué haces?"

¿En serio? ¿Ignorar todas estas reales y tangibles circunstancias y darle el pan al desconocido primero? Date cuenta de esto: Elías no estaba flaco y desnutrido en su apariencia. Él había sido cuidado por el Señor hasta ese momento. La viuda no lo conocía. Ella no había visto su historial espiritual. ¡Él no le había entregado sus credenciales de la escuela de profetas! Ella no sabía si él era un fraude o un verdadero hombre de Dios. Después de todo, ella pudo haber pensado, "Si eres un hombre de Dios, dile a Dios que te envíe maná del cielo".

Para ella, Elías era un total desconocido. Pero de alguna manera esta pobre viuda con un corazón puro era rica en fe. Ella simplemente le creyó. De hecho, ella le dijo, "Vive Jehová tu Dios, que no tengo pan cocido" (1 Reyes 17:12). ¿Notaste que dijo "Jehová *tu* Dios," como si no fuera el Dios de ella también? Bueno, al menos todavía no.

Pero me imagino que muy adentro en lo profundo de su corazón, porque su corazón estaba limpio, porque el cerebro dentro de su corazón no pensaba pensamientos malos, ella pudo ponerse de acuerdo con las palabras de este hombre. Me imagino que de alguna manera ella se conectó con la unción de este hombre y sintió la inquietud en su corazón de confiar en él. Es una cosa confiar en Dios en los tiempos de abundancia, pero cuando el tiempo se te está acabando y te sientes entre la espada y la pared, la cosa es muy diferente. Yo creo que tanto como Dios quería salvar la vida de Elías por ser un hombre de Dios, Dios, conociendo el corazón puro de esta mujer, también quiso salvar a esta viuda y su hijo.

Antes de que esta viuda aceptara hacer el pan para Elías, el profeta le dio una promesa: "La harina de la tinaja no escaseará, ni el aceite de la vasija disminuirá, hasta el día en que Jehová haga llover sobre la faz de la tierra" (v. 14). *¡Impresionante!* Esta es simplemente otra razón para darnos un lavado de cerebro. Sin corazones limpios, nos perdemos de tantas bendiciones de Dios porque los cerebros de nuestros corazones comienzan a razonar por qué deberíamos o no obedecer a Dios. A veces los mandatos de Dios nos parecen tan insensibles, ¡pero realmente son solo la prueba antes del testimonio! La mayoría de las veces el tamaño de la prueba es solamente de dieciocho pulgadas de largo. A menudo es solamente un asunto de ganar la batalla entre la cabeza y el corazón.

En lo que concierne a Elías, las cosas estaban funcionando de acuerdo al plan. Entonces de repente en 1 Reyes 18 se da una confrontación en el Monte Carmelo: Elías en contra de 450 profetas de Baal (y 400 profetas de Asera). Elías se muestra audaz de frente a este reto. Sabe que él y Dios son mayoría, y está confiado en que Dios enviará fuego del cielo y pondrá al falso dios Baal en vergüenza. Tal como lo esperaba, Dios envía fuego del cielo, y el sacrificio de Elías es consumido a pesar de ser el único inundado bajo agua. (Véase 1 Reyes 18:16-46).

El pueblo de Dios se arrepintió y exclamó, "¡Jehová es Dios! ¡Jehová es Dios!" (v. 39). Aún Acab está impresionado. Finalmente, Dios envía la lluvia, y Elías le gana a Acab en una carrera para llegar a Jezreel al correr más rápido que el carruaje de Acab. Elías está emocionada, extática. Finalmente, la nación de Israel se volverá al Señor. ¡Este se supone que fuera el final feliz, el testimonio del domingo en la mañana! Estas son las historias de las que hacen los largometrajes. ¡Esto es lo que va a promover el ministerio del profeta y llevarlo a la fama mundial!

Pero Acab fue a su casa donde su esposa y reina, Jezabel (v. 46), no estaba tan impresionada como el rey. No importa cuánto intentó explicarle el mover de Dios en el culto la noche anterior, no importa cuánto intentó expresarle la magnitud del poder de Dios, a ella no se le conmovió ni un dedo (1 Reyes 19:1). Y Jezabel no era de las que aceptaba la derrota fácilmente. A ella no le importó ni el fuego, ni la lluvia, ni la carrera olímpica de Elías. Lo que le importó fue el daño hecho a la reputación del rey, la reina y Baal – así que el orgullo ganó por encima del arrepentimiento.

Ella descaradamente amenazó la vida de Elías, y Elías salió huyendo (v. 2). Espera un minuto. *¿Qué?* ¡Imposible! ¿Elías, el gran profeta, huyendo de Jezabel? ¡Esto no puede ser! Pero, lamentablemente, no habría un testimonio el domingo por la mañana, y la nación permanecería bajo el dedo pulgar de un déspota. Elías, el hombre igual que nosotros, había llegado a su límite. El hombre igual que nosotros chocó contra la pared. ¿Los hombres de Dios, especialmente profetas y pastores, no son capaces de saltar edificios de un solo salto? No. El hombre igual que nosotros está decepcionado, desanimado, deprimido, y abatido. Elías cambió de fe a miedo en tres segundos. El hombre igual que nosotros se rindió en la batalla, y su fuego se hizo cenizas.

Si hubiese habido culto en la iglesia al día siguiente, ¡Elías hubiese estado ausente! Hasta dejó su sirviente atrás y caminó un día de camino hacia el desierto, sólo y aislado. Nunca te envíes tú mismo al desierto – puede que nunca salgas. Es diferente si es Dios quien te envía al desierto, porque donde Dios te envía, Su gracia te guardará. Ahora en el desierto vemos a Elías orando un tipo de oración diferente. Ya no es la oración fogosa de fe. No, ahora es la oración lamentable de miedo. Le clama a Dios, "Basta ya, oh Jehová, quítame la vida, pues no soy yo mejor que mis padres" (v. 4). Este es un hombre de Dios cansado y agotado. Él en realidad estaba diciendo, "¡Quítame la vida, Dios!" *¡Asombroso!* ¡Misión cumplida, Jezabel!

Corazón Atormentado

¿Qué pudo haber pasado? He escuchado muchos sermones con diferentes opiniones sobre el tema. Algunos han dicho que fue la común "depresión de lunes en la mañana". Después de tan enorme victoria, las emociones de Elías probablemente se desplomaron hasta terminar tocando fondo. Pero, para mí, ese no parece ser su estilo usual, su modo de operar.

Esto es lo que yo creo que pasó: Cuando todo había terminado, *nada* cambió realmente. Después de que el arroyo y los cuervos lo alimentaron, después de que se multiplicara la harina y el aceite de la viuda, después de la confrontación en el Monte Carmelo, después de ver 450 profetas de Baal sacrificados, después de rebasar un carruaje en medio de una lluvia torrencial - ¡Qué victorias tan impresionantes! – *cuando todo terminó*, luego de tres años y medio de sacrificio, dedicación y alimentar las esperanzas de que aun el corazón del Rey Acab estaba comenzando a cambiar, ¡de repente Acab y Jezabel seguían siendo Acab y Jezabel!

Yo creo que Elías estaba deprimido espiritualmente. Su corazón se lanzó a las profundidades de la desesperación. La decepción precede a la depresión. Es impresionante que Dios puede alimentarnos con cuervos y multiplicar la harina y el aceite, pero no puede cambiar el corazón de alguien que se rehúsa a ceder ante la escritura en la pared.

La Biblia dice en Proverbios 13:12, "La esperanza que se demora es tormento del corazón". ¿Cuántos de nuestros corazones han sido atormentados? ¿Cuántos hemos estado espiritualmente deprimidos y no hemos querido aceptar que estábamos atravesando la noche más oscura de nuestra alma? ¿Cuántos de nosotros hemos estado esperando un milagro?

Esperando que el esposo o el hijo sean salvos. Esperando que el informe médico cambie y el cáncer desaparezca. Esperando que una hija despierte de una coma. Esperando poder tener un bebé. Esperando por una promoción en el trabajo – ¡esperando, esperando, esperando!

¿Y cuántas veces hemos estado en el precipicio de algo extraordinario que nos ha sucedido, y de repente nos sacuden el piso de debajo de nosotros? En ese preciso momento en que el dulce olor de la victoria está justo debajo de nuestras narices, justo cuando vamos a poner la estaca en el suelo para izar la bandera de la victoria, el enemigo llega y nos arrebata todo en una aplastante derrota – y encima se burla de nosotros. Todo nuestro sudor, lágrimas, dedicación, y sacrificio son echados por el suelo. Nuestras esperanzas son pisoteadas. En la última ronda, ¡simplemente no hay ningún cambio! Esa es una píldora muy difícil de tragar, especialmente cuando estamos creyendo en que Dios hará un milagro.

Así que Elías, el hombre igual que nosotros, se retiró del desierto a la cueva de la auto-conmiseración. El hecho de que dejó a su siervo atrás y entró a la cueva solo es muy simbólico. Dejar su siervo atrás parece indicar que estaba renunciando a su ministerio. Estaba entregando su manto de profeta. Sacó su nombre del papel timbrado de la compañía y removió su placa con su nombre de la puerta de la oficina. Ya no necesitaba un asistente, tampoco alguien que fuera delante de él anunciando sus intenciones, ya no quedaba nada por hacer.

En la cueva gritó desde lo más profundo de su corazón, "He sentido un vivo celo por Jehová Dios de los ejércitos; porque los hijos de Israel han dejado tu pacto, han derribado tus altares, y han matado a espada a tus profetas; y sólo yo he quedado, y me buscan para quitarme la vida." (1 Reyes 19:10) En otras palabras, "Yo he sido el único, Señor, que ha permanecido fiel y ferviente. Soy el único atravesando esto. Nadie más sabe todos los problemas que he tenido."

¿Por qué me está sucediendo esto a mí? Satanás ama cuando nos escondemos en la cueva de la auto-conmiseración. Ama cuando nos alejamos de otros y no pedimos la ayuda de otros para orar. De hecho, hasta nos muestra el camino hacia la cueva. ¡Gracias a Dios que el ángel apareció y le habló al corazón de Elías y lo corrigió! El ángel le dice, "¿Qué haces aquí, Elías? Y, ya que estamos en el tema, Elías, tú no eres el único. Hay siete mil profetas en Israel que no han doblado sus rodillas a Baal." (1 Reyes 19:13, 18).

Piensa en la catástrofe que hubiese sucedido si Elías no hubiese escuchado el ángel. ¿Cuántas veces Dios nos ha enviado Su palabra a través de un ángel vestido en la forma de un predicador, o un maestro, o simplemente un compañero de trabajo, o alguien viajando en el autobús con nosotros; pero porque estamos en tal dolor y angustia, cerramos los oídos espirituales de nuestro corazón? La fe viene por el oír la Palabra de Dios (*en nuestros corazones)*. El Salmo 119:11 dice que escondemos Su Palabra en nuestros corazones para no pecar contra Él. Nuestros corazones tienen que ser refrescados por la Palabra de Dios diariamente para que las toxinas de ayer no encuentren dónde echar raíces en nuestros corazones hoy.

¡Siempre hay una manera de salir del valle, del desierto, de la cueva! Jesús dijo, "en el mundo tendréis aflicción. *¡Pero confiad!* Yo he vencido al mundo" (Juan 16:33, énfasis añadido). Jesús pudo haber dicho, "No pierdas la cabeza," pero no lo hizo. Dijo que confiemos en nuestro corazón. No permitas que los pensamientos abrumadores que causan ansiedad hagan nido en tu corazón y te arrastren por el espiral de la depresión espiritual.

Yo he estado en esa misma cueva muchas veces, igual que estoy segura que tú tal vez has estado en algún momento, o tal vez aun estás. Yo me he sentido decepcionada y he querido acurrucarme en la cama, apagar todas las luces, y dormir hasta que mi tiempo en la tierra se acabe. He pensado que las cosas debieron de haber sucedido de una forma diferente y me he permitido perder la confianza por ello, solo para enterarme al final que la manera de Dios era realmente perfecta. Mis decepciones no sólo han sido los momentos oportunos de Dios; sino que esas pesadas pesas de la decepción me han dado la musculatura espiritual que yo he necesitado para el futuro. Aunque nos encontremos con muchos valles, grietas, y caminos empinados, Dios siempre nos saca de ellos. Siempre nos dirige en una procesión de triunfo, como lo declara 2 Corintios 2:14.

Mi primer nieto nació con necesidades especiales, diagnosticado son Síndrome Asperger. Estábamos devastados. Pero nuestra familia, por la gracia de Dios, había aprendido a convertir los limones en limonada. Ahora hemos implementado un club para campeones, que se originó en la iglesia de *Lakewood Church*, como un ministerio en nuestra iglesia. Durante cada uno de los servicios, hay personas entrenadas para enseñar a los niños con necesidades especiales. Ahora le damos la bienvenida a docenas y docenas de familias que no podían ir a la iglesia porque no había un lugar para sus hijos. Si nuestra familia no hubiese atravesado este tiempo de dolor, nunca hubiésemos sabido de toda esta comunidad. Nuestro dolor se ha convertido en la ganancia de otras personas.

Nuestro nieto es una de las personas más espectaculares que jamás conocerás. No sólo es un genio, sino que desafía la etiqueta de "autismo" que le han tratado de imponer. No solo es cariñoso, sino que es uno de los niños más amables que conozco. En el próximo capítulo, te contaré de mi angustia con mis tres hijos quienes fueron criados en la casa de Dios, ¡y cómo el Señor finalmente utilizó ese angustia para adelantar Su reino!

Tú y yo no tenemos otra alternativa que no sea hacer caso al mandato que el ángel le dio a Elías. En 1 Reyes 19, el ángel primero tocó a Elías suavemente y le dijo que comiera. Cuando Elías se levantó, vio que el ángel le había traído una torta de pan y una jarra de agua. (¡Hasta los ángeles saben que la manera más fácil de conquistar el corazón de un hombre es a través de su estómago!) Pero Elías se encontraba en tal depresión, que se volvió a acostar. ¡Tal vez la comida necesitaba un poco de ajo y un toque de aceite de oliva!

Por segunda vez, el ángel llegó y tocó a Elías, y otra vez le dijo que se levantara y comiera porque largo camino le restaba y necesitaba recuperar su fuerza. El ángel lo estaba preparando para el camino adelante. Le estaba diciendo que no se iba a poder quedar en la cueva y retirarse. ¡No era hora de renunciar! Esta vez Elías comió y esa comida le sostuvo para un viaje de cuarenta días al Monte Horeb, el Monte de Dios. Fue ahí donde Dios le habló en el silbido apacible (vv. 11-13). Ese silbido apacible estremece y hace eco hasta el mismo centro de nuestro ser, espantando la oscuridad adentro.

Elías recibió instrucciones de regresar por el mismo camino que vino. Y le fue dicho que cuando llegara a donde había sido enviado, iba a ungir a otros (vv. 14-15). Piensa en todo lo que podríamos aprender de estas instrucciones cuando estamos en una depresión espiritual: "Regresa por el camino por donde viniste". En otras palabras, cambia de dirección, date la media vuelta, y avanza hacia adelante en la dirección correcta. Regresa de vuelta a tu puesto.

El Señor le dijo también a Elías que ungiera a otros. En otras palabras, le estaba diciendo, "Tú eres un profeta, y el trabajo de un profeta es ungir a otros, ¡así que ponte a trabajar!" *¡Increíble!* Dios sabe que se multiplica el poder cuando compartimos ese poder con otros. Cuando logras que el cerebro de tu corazón piense en hacer bien a otros y ungir a otros en vez de estar constantemente sumergido en tus propios problemas, entonces es cuando hay "vida" en tu vida. El ángel básicamente le estaba diciendo a Elías que aunque él se sentía como que era el fin del mundo y quería darse por vencido, Dios no había terminado de usar su vida. Había mucha más vida dentro de Elías, y el Señor se iba a asegurar de que no dejara este mundo hasta que la última gota de unción que había dentro de él fuera derramada sobre otros.

Nosotros no fuimos creados para la derrota. Es por eso que no nos sentimos bien cuando vivimos en derrota. Fuimos hechos para más que eso. Fuimos creados para dar vida, porque el dador de la vida vive dentro de nosotros. La Palabra de Dios dice, "Porque dondequiera que estuviere el cuerpo muerto, allí se juntarán las águilas". (Mateo 24:28). Cuando las águilas y los buitres ven el desecho de lo que antes era un hombre saludable, dan vueltas y vueltas alrededor de nosotros, esperando descender en picada y devorar lo que queda. Satanás puede oler la depresión, es atraído por la derrota, así como Dios puede oler la fe y es atraído por ella.

El enemigo observa si no hay movimiento y da vueltas alrededor de nosotros, esperando el momento perfecto para descender en picada y terminar con nosotros. Pero el Señor busca alguien cuyo *corazón* esté completamente dedicado a Él. Por eso es que no podemos permanecer espiritualmente deprimidos. ¡Tenemos que levantarnos! Tú y yo no fuimos creados para ser comida para nuestro enemigo. Fuimos creados para ser pan para los hambrientos espirituales. Mientras permanezcamos en la cueva de la auto-compasión, el espíritu de Jezabel tiene el poder de reinar, y entonces el pecado puede prevalecer. ¡Ultimadamente, el enemigo se reirá de nosotros y, lo peor de todo, nos conformaremos con nuestra situación y dejaremos de pelear la buena batalla de la fe!

Uno de los hombres que Elías ungió fue a Jehú. Era un hombre salvaje – audaz – y fue quien persiguió a Jezabel con todas sus fuerzas, pero no fue sólo. Fue con una compañía de hombres. En términos laicos, se llevó un clan. Jehú y su banda de hombres viajaron por muchos pueblos buscando a Jezabel. Cada vez que llegaban a un lugar, la gente siempre le preguntaba, "¿Hay paz, Jehú?" La contestación de Jehú siempre era la misma: "¿Qué paz, con las fornicaciones de Jezabel tu madre, y sus muchas hechicerías?" (2 Reyes 9:22).

Jehú no se detuvo hasta que Jezabel fue lanzada de su trono por los mismos que ella había castrado. ¿Podemos ver la sabiduría de Jehú al no ir solo? ¿Piensas que será tal vez que Jehú vio la grieta en la armadura de Elías, el punto débil en su ministerio? ¿Piensas que tal vez por esa razón fue que reunió un grupo que tenía el mismo propósito, hombres que tenían su mismo pensar y estaban tan enfocados como él? Yo creo que si hay una lección vital que ciertamente podemos aprender aquí es no ir solos. No importa cuánto poder pensemos tener por nosotros mismos, hay fuerza en los números. Esa es la razón por la cual Dios nos ha dado un grupo entero de creyentes, gente que tiene un mismo pensar, están enfocados y listos para tomarnos de la mano en la oración.

Elías, el hombre igual que nosotros, tenía las mismas debilidades, enfrentó los mismos enemigos que nosotros enfrentamos, y se sentía desanimado igual que nosotros. Pero no debemos olvidar que no importa cuán difíciles las cosas se tornen, tenemos los mismos recursos y el mismo poder que Elías tuvo. ¡Tenemos al Espíritu Santo y el cuerpo de Cristo para ayudarnos a pelear nuestras batallas!

El único error que Elías cometió fue creer que él era el único que estaba atravesando una crisis. Él necesitaba que el cerebro de su corazón fuese lavado a fondo. Definitivamente necesitaba un lavado de cerebro. Estaba a dieciocho pulgadas de su victoria.

¿No cometemos frecuentemente el mismo error que Elías? Peleamos nuestras batallas en secreto. Peleamos y peleamos hasta que estamos desgastados, quemados, y espiritualmente deprimidos. Tal vez peleamos nuestras batallas solos porque pensamos que somos los únicos enfrentando ciertos retos, así que nos aislamos, alejándonos en vergüenza y derrota, conformándonos con nuestras situaciones deprimentes y resignándonos con menos de lo mejor que Dios tiene para nosotros. ¿Alguna vez te has alejado del cuerpo de Cristo y dejado de ir a la iglesia porque sentías vergüenza de que las cosas no ocurrieran como lo habías planificado? ¿No deberíamos estar haciendo exactamente lo contrario?

Justo como Elías debió de haber llamado esos setecientos profetas para derrotar a Jezabel, así nosotros debemos llamar a nuestra congregación y convocarlos a luchar con nosotros en oración. Abre tus ojos. No estás sólo, no eres la única persona atravesando tiempos difíciles. Estaríamos mucho mejor si aprovechásemos los recursos que están al alcance de nuestras manos. Debemos entrelazar nuestros brazos y formar grupos de oración hasta que ese espíritu de Jezabel sea lanzado de su trono. ¡Es tiempo de guerra, no tiempo de paz!

Oremos

Señor, sáname de esta depresión espiritual que ha echado raíces en mi corazón. Enséñame a como entrenar mi hombre interior a mirar hacia arriba en vez de mirar hacia adentro. Enséñame a mantener mis ojos puestos en Ti y dame la valentía para tener paz en mi situación. Cuando mi corazón este agobiado con los problemas de la vida, guíame a la roca, que es Cristo Jesús. No permitas que me conforme por nada menos que lo mejor que Tú tienes para mi vida. Te pido que me des la estrategia de derrumbar todo lugar alto que quiere burlarse de Tu nombre para poder tener Tu paz que guarda mi corazón y mi mente. Y para finalizar, Señor, dame un corazón regocijado, que sea buena medicina – para cualquier espíritu depresivo que quede. En el nombre de Jesús te lo pido, amen.

María Durso

CAPITULO 12 – ¡PONTE DE PIES!

uando vemos programas de televisión cristiana o escuchamos sermones, mucho de lo que vemos y oímos en esos segmentos de treinta minutos son milagros genuinos hechos por la mano de Dios. Por supuesto estos testimonios son muy emocionantes y inspirador, y provoca que nuestro corazón se eleve. Pero lo que no permite el tiempo que se comparta es los detalles sangrientos que ocurrieron hasta llegar al punto de vitoria. ¡Sí, hay muchas partes sangrientos antes de la *gloria!* Es parecida al Antiguo Testamento; batallas sangrientas tenían que ser peleadas antes de que los Israelitas pudieran salir caminando con el botín. Las cosas se pusieron bien desordenadas. Es bueno leer la escritura que dice que Moisés extendió su mano sobre las aguas y el Mar Rojo se dividió (Exodos14:21). Oh pero la tensión, el temor, el caos que tienen que haber sucedido cuando más de un millón de personas escucharon las herraduras en la pezuñas de los caballos de Egipto acercándose rápidamente hacia ellos.

En muchos casos, antes de que se hablara un mensaje un domingo en la mañana, primero ocurría un desorden real – un sangriento, y sudado desorden que estoy segura involucraba el caos y el temor. Probablemente hubieron muchas noches largas de lloro, ¡antes del la alegría que llega en la mañana! Estoy segura que hubo largos periodos cuando la batalla de la fe estaba paliándose en lugares secretos. Y estoy segura que el testimonio le costó al "que daba el testimonio" mucha sangre, sudor y lágrimas mientras hacia su alianza con Dios, aferrado a su fe con todas sus fuerzas hasta llegar a la victoria. Si no reconozcamos esta verdad vital, nos preguntaremos, porque nuestros problemas no están resueltos a tiempo, antes del servicio del domingo. Luego nos comparamos al "vencedor", a "los victoriosos". Nosotros percibimos esos individuos de haber recibido su respuesta instantáneamente a su muy compleja y casi imposible situación, que al fin nos llevara a vivir una vida de derrota y finalmente ser mencionados entre los que abandonaron… los derrotistas. Hebreos 12:3 dice, "Considerad, pues a aquel que sufrió tal contradicción de pecadores contra sí mismo, para que vuestro animo no os canséis os desaniméis en *vuestro corazón*" (Énfasis añadido).

Permítame ilustrarle este punto con la historia de una mujer, temerosa de Dios llamada Ana. (Ver 1 Samuel 1-3.) Antes de que profundicemos en su vida, quiero decir que hay muchas Ana en el cuerpo de Cristo. La realidad es que hay muchas maravillosas, fieles, creyentes determinadas que le sirven al Señor atraves de lo bueno, lo malo y lo feo, a pesar de la fría y duro hecho que sus circunstancias parecen tener en un patrón espera o que empeorara antes de ver la luz al final del túnel. Pero son estas mismas, las que le sirven a Dios, solo porque El es su Dios. Viven con la esperanza de que un día será "su día" para declarar lo que el Señor ha hecho por ellas. Ellos viven por fe aferrado a la promesas de Dios, sabiendo que el Señor tiene un "tiempo asignado" cuando el relós del cielo se sincronice perfectamente con el de la tierra.

Desafortunadamente, muchas personas no se dan de cuenta que hay tal cosa como un tiempo asignado, porque vivimos en los tiempos de gratificación instantánea. Nuestra cultura nos ha preparado para lo inmediato. Ya no estamos alambrados "para esperar". Estamos alambrados para lo instantáneo. Golpeteamos nuestro pie mientras esperamos que termine la microonda. Años atrás si estabas lejos de la casa y querías hacer una llamada tenias que ir a una cabina telefónica. Y tenias que tener la cantidad correcta de monedas para echarlas en la ranura. Si no tenia la cantidad correcta de monedas, tenias que caminar un par de cuadras a una tienda (pocos en Nueva York tenían automóviles). Cuando por fin legabas a la tienda, estabas sujeta al humor del cajero. La gran pregunta era, ¿el cajero sería tan bondadoso conmigo en este día? Luego ¿te sentirías obligado a comprar un artículo para que se te diera el cambio solicitado?

Si lograbas conseguir el cambio, tenias que regresar a la cabina telefónica. Las probabilidades de que alguien se preparo, no como uno mismo, ahora estaba hablando por teléfono y tenía bastante vellones para echarle a la ranura cada tres minutos para evitar que la operadora en una voz nasal, !Por favor deposite cinco centavos para los próximos tres minutos! Esto permitía que la conversación del que estaba preparado, durara, durara y durara. Mientras esperabas, el que ya estaba llamando probablemente ponía sus espaldas convenientemente hacia a ti, para no verte esperando por el teléfono en el frio o el caloroso sol.

Cuando por fin te tocaba el turno de hacer tu llamada, lo más probable era que ya tenías tanta prisa, que fallabas al intentar echar el dinero en la ranura y tendrías que doblarte en el espacio limitado a buscar la moneda que se te callo. ¡*Uff!* Yo no sé cómo es en otra partes del país, pero lo pisos dentro de la cabina telefónica de Nueva York seria ahora considerada contaminada – goma de mascar, bebidas derramadas, comida descompuesta taponada en la esquinas, y a veces hasta orín. ¡Estoy sorprendida de que nadie en Washington insistió que fuéramos descontaminados cada vez que nosotros salíamos de uno de esas incubadoras de gérmenes, bacterias y virus!

Cuando por fin lograbas echarle la moneda en la ranura y marcaba el número en el disco redondo, probablemente aguantabas la respiración ¡deseando que no escucharas el tono de ocupado del otro lado! ¡Si, existía tal cosa como un tono de ocupado, ese molestoso tono que subía y bajaba en tono, claramente indicando que no iba a procesar la llamada; inténtalo otra vez más tarde! ¡*Auxilio!*

Por supuesto, no siempre oías el tono de ocupado, pero en muchas ocasiones pareciera que el tiempo de esperar a que alguien por fin contestara era eterno. Los creadores de teléfonos celulares se aseguraron que sus clientes no tuvieran esta experiencia traumática. Simplemente no tenemos tono de ocupado. Ahora solo dejamos un mensaje de voz, enviamos texto, o un correo electrónico y la respuesta es usualmente – si, lo adivinaste – ¡instantáneamente!

¿Qué hemos de hacer? Las personas de hoy día no están alambradas a esperar. Pero sin "la espera" nuestras fuerzas no se renovarían. Como declara la Biblia en Isaías 40:31, ¡los que esperan en el Señor no solo renovaran sus fuerzas, pero también se remontaran con alas como águilas, correrán y no se cansaran, caminaran y no se fatigaran! La Biblia también nos dice que no es en vano las pruebas que pasamos en la vida. Eso son las mismas cosas que trabaja en nosotros para la paciencia para que no nos falte nada (Santiago 1:4). Permítame ser clara: el Señor no hace que la espera desarrolle nuestro carácter; ¡el carácter que se desarrolla en nosotros es durante la espera, mientras esperamos por el tiempo asignado por Dios y esto es como el glaseado de azúcar sobre bizcocho!

Ahora, yo no sé de ti, pero si eres de alguna manera como yo, probablemente no te gusta escuchar la palabra espera, especialmente si está en la misma oración con *pruebas* y *paciencia*. La palabra espera es absolutamente la peor palabra de seis letras, especialmente cuando no esta acompañada con las únicas dos palabras que hace esperar agradable: "un momento". ¡Espera un momento, y regreso contigo! ¡Hay! Esa es la única manera que a mí me gusta escuchar esa palabra de seis letras usada. No me gusta, "espera hasta". ¿Qué tú me quieres decir con "hasta"? ¿Hasta qué? ¿Hasta cuándo?

Habacuc 2:3 dice, "Porque es aun visión para el *tiempo señalado*; se apresura hacia el fin y no defraudara. *Aunque tarde, espérala*; porque *ciertamente vendrá, no tardara*. ¡No me agrada lo que esta escritura me está insinuando! ¿Qué quiere decir con "aunque tardare"? ¡El solo pensarlos me hace retorcerme! La palabra *tarde,* que a veces es traducido a "tardarse," parece contradecir las palabras "no tardara". ¡Si tengo que esperar, es porque se tardo, y en mi mente ya está retrasado!

Poniendo al lado toda broma, tú y yo sabemos que Dios sabe la hora exacta en que llegara tu milagro, porque ese milagro no es solo para ti; es también para las personas que te rodean y están en tu esfera de influencias. Hay sin duda alguna, un "tiempo divinamente señalado" en el calendario del cielo, donde iras de tu fe, a ser ahora vista. Cuando las personas que te rodeaban, y fueron testigos del las sangrienta circunstancias en tu vida, podrán ver de cerca la gloria de lo que solo puede ser una intervención de la mano de Dios.

Estéril y Quebrantada

En 1 de Samuel 1 leemos de una mujer que sabía muy bien sobre esperar. La Biblia dice que Elcana tenía dos esposas (¡uh-oh!). La primera era Ana y la segunda era Penina. Penina tenía hijos, pero Ana no tenia. Penina se burlaba cruelmente de Ana, continuamente recordándole que Dios no le había dado hijos. ¡Esto continuo *año tras año*! (Ver 1 Samuel 1:1-2, 6-7.)

Mirando las Escrituras, es claro ver que hay algunas cosas en la vida – si, aun en la vida de creyentes piadosos – que son crónicos. Hay situaciones en la vida que van más allá de nuestro control. Es lo que es por el presente. La Biblia dice que la circunstancia desafortunada de Ana, ocurrieron *año tras año*. Eso implica que no había alivio para esta mujer temerosa de Dios. Pero Dios tenía un tiempo señalado. ¿Ana sabia eso? ¿Sabía que ella daría a luz a un profeta que cambiaria a Israel? Claro que no. Como mucho de nosotros ella tal vez no podía ver más allá de su dolor y aflicción, pero ella se mantenía aferrada a Dios.

Si fallamos en entender que cosas malas, tristes o injustas también le ocurren a personas buenas, estamos incapacitados. Pensaremos que hay algo malo con nosotros. Pensaremos en lo profundo de nuestro corazón que Dios está en contra de nosotros. Pensamientos distorsionados como estos, terminara paralizando y desanimándonos. Piensa en Abraham y Sara. Qué situación tan crónica – veinticinco años de crónico. Y no puedes pensar en años y años de injusticia y no pensar en José, un joven con temor a Dios que fue del hoyo a la prisión antes de llegar al palacio.

A veces pensamos que si Dios realmente nos ama, entonces nunca tendremos problemas en el mundo. También pensamos que si estamos viviendo correctamente, entonces Dios hará que todo en nuestras vidas sea perfecto. ¡Esto simplemente no es verdad! No te lo tomes tan fácil como un vaso de jugo Kool-Aid! Jesús mismo dijo que en este mundo, absolutamente, definitivamente y sin duda, tendremos aflicciones. Pero El también dijo, "Pero confiad, yo he vencido al mundo". (Ver Juan 16:33.)

Ana era una mujer que amaba a Dios, y Dios la amaba a ella, pero no era exenta de angustia ni de una larga temporada de sequia y desalientos. Aunque ella tenía problemas domésticos severos, ella aun era fiel al servirle al Señor. Ella nunca tomo la posición de decir, "Bueno, Dios no me contesta mi oración, ¿porque he de servirle a Él? Ni, "Dios no me ha librado de mi enemigo, ¿Por qué debo yo ir a la casa de Dios a adorarle?" No, Ana no se daba por vencida. Ella estaba firme, inmovible, y llena abundando en los trabajos del Señor. Ella no le servía a Dios por lo que Él le podía dar, ¡ella le servía a Dios por quien El era!

Desafortunadamente la gente de hoy se le tiene que poner carnada para que crean en Jesús. Le decimos que si vienen al Señor, El te dará esto o lo otro, en vez de decirle lo que El ya le ha dado y dejándole saber que si El nunca hiciera alguna otra cosa para ellos, El ya había hecho más de lo que cualquiera de nosotros nos merecíamos. ¡El ya ha hecho más que suficiente!

La historia nos dice que Ana estaba desolada. En esos días eso era equivalente a ser un leproso. Por cierto, era mejor que fuese un leproso. Los leprosos vivían fuera de pueblo en una colonia de leprosos con otros que estaban infectados. Ana tenía el privilegio de vivir en el pueblo para que todos los de su comunidad pudieran enfocar sus miradas en ella. Después de todo, uno no puede alquilar niños para evitar entrar al mercado solo.

Estoy segura que además de las miradas fijas, también había los que murmuraban. Había un estigma con las que eran estériles. Ser estéril significaba que eras diferente, peculiar. Era una causa de desgracia. Una esposa estéril se veía como un bochorno – mecánica dañada, defectivo. Más allá de la vergüenza y la humillación, las estériles provocaban que otros pensaran:

¿Es por juicio de Dios? ¿Hay pecado en su vida? ¿Dios quiere terminar con ese linaje? Imagínate la vergüenza que Ana debió sentir. Y para añadirle insulto a su herida, la Biblia dice en 1 Samuel 1:6 que el Señor le había cerrado su vientre. En otras palabras, ¡la esterilidad de Ana fue por obra de Dios! ¡Dios estaba permitiendo este horrible dilema!

Porque Ana era estéril, su esposo, Elcana era un Levita de linaje sacerdotal llamado los Coat. Bajo las leyes judías, se le permitía tomar a otra esposa para producir descendientes y continuar con el linaje sacerdotal. Ana debió sentirse como un fracaso en muchas aéreas. Ella tiene que haber pensado que era una desilusión no solamente física, también espiritual, por haber privado a su esposo el poder cargar su divina semilla.

Ahora Penina se convierte parte de la ecuación, añadiendo otra capa de dolor para al quebrantamiento de Ana. ¿A veces no te parece que las circunstancias desafortunadas, no lleva a más circunstancias desafortunadas? ¡Cuando llueve, caí un diluvio! La Biblia dice que Penina tenía hijos. Primera de Samuel 1:4 se refiere a "todos sus hijos y a todas su hijas," implicando que su aljaba estaba lleno. Penina es como una máquina de hacer bebes. Ella tenía a sus hijos una tras otro.

Comentaristas de la Biblia creen que Penina tuvo por lo menos cuatro hijos y dos hijas. Nosotros sabemos que en lo tiempo bíblicos el tener numerosos hijos era símbolo de buen estatus y riqueza. Hagamos la matemática. Si Penina tuvo por lo menos seis hijos, con un embarazo de nueve meses cada uno, un tiempo para que su cuerpo se repusiera y otro tiempo para el destete del bebe entre cada parto, ella tiene que haber estado burlándose de Ana por diez a doce años.

Al ojo natural Penina era bendecida y amada por Dios, y Ana no lo era. ¿No es esa la conclusión racional a la que muchas personas llegan? ¿Acaso no juzgan la gente si una persona es bendecida por el automóvil que manejan, el código de área donde viven, la cantidad que se reflejan en su estado de cuenta del banco, o el tamaño del diamante que lleva en el anillo sobre su dedo? ¡Esto es solo una indicación que el cerebro en nuestros corazones, tienen que ser restregado hasta quedar limpio! Nosotros no debemos de juzgar nunca a quien es bendecido y quien no lo es, ni quien es amado por Dios y quien no lo es, por las circunstancias externas. Como se hablo en el capítulo 5, María la madre de Jesús, tuvo a su bebe en un establo, y la Biblia dice que ella ¡era bendecida entre todas las mujeres! ¡Vamos a llamar bendecido lo que Dios llama bendecido!

En 1 Samuel 1:7 la Biblia dice que *cada vez* que Elcana llevaba a su familia al santuario de Dios, Ana ya esperaba ser burlada por Penina. Ella se lo restregaba, nunca dejando que Ana olvidara que Dios no le había dado a ella hijos. Que cruel. *Todo el tiempo.* No algunas veces ni la mayoría de las veces – no, la Biblia dice *todo el tiempo* que iban a adorar, Penina se burlaba y ridiculizaba a Ana.

Penina se aseguraba que cuando llegara Ana al tabernáculo a adorar al Señor, estuviera tan afligido su corazón, que su corto tiempo en la presencia de Dios estaría arruinado. La gran Penina le sacaba partida a Ana en su dolor, exhibiendo sus bendiciones, ¡y se aseguraba que Ana supiera que Dios era el causante de todo eso! Que experiencia tan agradable cuando uno va a adorar. Cada vez que ella iba a adorar al Señor, ella era atormentada, agitada, humillada, y burlada. Cada vez que ella iba a escuchar del cielo, no había tiempo de descanso. ¿Cómo es posible que ella quisiera escuchar de un Dios quien tenía el poder de terminar con su humillación pero se mantenía en silencio, pareciendo no hacer nada?

La Biblia dice que Penina provocaba tanto a Ana, que ella no comía (1 Samuel 1:7). Cuando Ana al fin llegaba a la presencia del Señor, ella estaba desconsolada. Vamos a procesar lo que estamos implicando. Toda la familia iba hacia el tabernáculo de Dios, donde estaba el arca del pacto, el lugar de misericordia y la increíble, gloriosa presencia del Señor. "Ellos"- todos ellos juntos como una gran e infeliz familia – ¡iban a adorar al Señor! Esa era la meta: ¡cantar cantico de alabanzas al Señor! Imagínate eso. ¡Penina iba a la iglesia, miembro de tabernáculo, creyente de Jehová Dios! Esto me dice que por el mero hecho de que las personas van a adorar, no significa que son adoradores. Me dice que la casa de Dios está habitado por sinceros y los insinceros. En la casa de Dios hay muchas Ana, pero lamentablemente también hay demasiadas Penina.

Penina era quien nosotros llamamos un "abusador de iglesia" (conocido también como un "bully"). ¡Ya sabes que ellos existen! Realmente algunas personas vienen a la iglesia para exhibir sus regalos y talentos y para llamar la atención. Algunas personas vienen a la iglesia para presumir sus bendiciones y dejarte saber que son el número uno de Dios. Para algunas personas este comportamiento es premeditado; vienen a la iglesia solo para provocar aflicción. Algunas personas vienen a la casa de

Dios para ser vengativos y crueles, o para ejercer su autoridad. Para algunas personas el "acto de adoración," es solo eso, una actuación. A veces tu más grande piedra de tropiezo se sienta en la próxima fila de los bancos en la casa del Señor. A veces las personas heridas son lastimadas continuamente una y otra vez, porque atender la iglesia solo les recuerda que Dios no le ha contestado su oración. Un predicador dijo hace mucho tiempo, "Muchas son las lagrimas derramadas en el santuario".

Pero, vamos a tomar un segundo para examinar a alguien como Penina. ¿Qué clase de persona hace estas cosas? La Biblia dice en Lucas 6:43-45, "No es buen árbol el que da malos frutos, ni árbol malo el que da buen fruto. Porque cada árbol se conoce por su fruto; pues no se cosechan higo de los espinos, ni de las zarzas se vendimian uvas. El hombre bueno, *del buen tesoro de su corazón* saca lo bueno; y el hombre malo, *del mal tesoro de su corazón saca lo malo*; porque de la *abundancia del corazón* habla la boca." (Énfasis añadido)

¡Wow! Corazón sucio, boca sucia. Corazón malo, acciones malas. Nuestros corazones tienen que estar pegado a un buen árbol, que es Cristo Jesús. Si estamos desconectado de Él, seremos como Penina, las personas que *van* a la iglesia en vez de personas que *son* la iglesia.

¿Cuántas personas son miembros de iglesias, Cristo céntrica, creyentes de la Biblia pero son racistas? ¿Cuánto son provocadores de problemas? ¿Cuánto son murmuradores y calumniadores? ¿Cuántos son parte de grupito de la iglesia, queriendo ser lo "más populares" y tratan la iglesia como si fuera la cafetería de la escuela superior? ¿Cuántos sufren de la enfermedad llamada celos, deseando que alguien caiga de cara para poder cantar un solo? ¿Cuánto comen con sus pastores los domingo en la cena? (Y no estoy hablando de invitarlos a que vengan a cenar el domingo, porque desafortunadamente se lo comen vivo con sus criticas hirientes.) ¿Cuánto se ríen de los menos afortunados, los desprecian y le viran la cara a los que en sus ojo no nos linda, ricas o mentalmente al mismo nivel?

Penina estaba desconectada del único árbol que puede hacer que de buen fruto. Tú y yo tenemos que estar seguro que las raíces de nuestros corazones se mantengan pegado al árbol del Señor. Tenemos que guardar nuestros corazones continuamente, podando las raíces y asegurándonos que nos mantenemos dentro del los parámetro de la tierra santa, y dentro de los límites del jardín de Dios. A la que nos desviemos al territorio del enemigo, echaremos raíces en la tierra equivocada. Luego produciremos maldad, orgullo y acciones de indiferencia, que lo ms probable causaremos dolor a los que nos rodean y manchamos el nombre de Cristo.

Para Ana fue muy difícil. Su dolor no estaba confinado solo en Ramá, que era su ciudad natal. No, a todo lugar que Ana fuese, su dolor de seguro le seguía. Su dolor la siguió hasta Silo, donde estaba el tabernáculo. Silo debe traer alivio, pero en cambio fue ridiculizada hasta llevarla a lagrimas y incapaz de comer. Esto no eran lágrimas ni ayuno de una mujer de fe. No, estas eran lágrimas de humillación.

¿Puedes imaginar el estar tan desanimada que llegas a la casa de Dios, pero nunca llegas a Dios? Las aguas refrescantes están completamente alrededor de ti, pero tú te vas seca. El alimentarte de la Palabra de Dios es para ti, pero esta tan débil que no puedes digerir lo que se está diciendo. Y aquí está la parte irónica: año tras año estaba a una corta distancia de la presencia de Dios – el lugar santísimo donde se mantenía el arca – y aun así nunca tuvo contacto con el Dios vivo. ¡Año tras año ella subía, pero ella nunca entro! Año tras año se iba de la misma manera que llego. Año tras Año regresaba a casa sin pedir lo que ella necesitaba de El único que podía cumplir su petición.

Pero en 1 de Samuel 1:9 dice que un día Ana se puso de pies. Un día, después de todos esos años, Ana tomo una posición. Un día Ana dijo ¡Basta ya, ya es suficiente! Un día la fe reemplazo al desanimo. ¡Un día Ana cambio su postura! Cuando alguien se pone de pies, ellos están diciendo, ¡Se acabo, ya es suficiente, y no continuare sentada más tiempo! ¡Estoy tomando autoridad!

Nuestra chica Ana consiguió una agresión santificada. Ella decidió, "Yo no tengo que sentarme en la mesa de pena y desesperación cuando puedo estar sentándome en la presencia del Señor". A Satanás le encanta que nos sentemos cuando debemos estar de pies, acercándonos a Dios y orando. Un día se encendió la luz para Ana. ¡Ella tiene que haber pensado, que si Dios le abrió el vientre a Sara y a Raquel, que El también lo podía hacer para ella! Ella no iba a continuar tolerando estar en ese "estatus quo" más tiempo.

Ella entro corriendo al tabernáculo – ya Ana no se quedaría en las alrededores. No más tradiciones del hombre. ¡No más de la "Ortodoxia muerta"! Ana desafío el protocolo del día. Aunque ella era solo una "simple" mujer, ella experimento una transacción divina. ¡Ella hizo contacto con el cielo! También experimento una explosión santa. Dejo de llorar por lo que ella no tenía y comenzó a clamar por lo que ella podía tener. De su angustia y aflicción soltó un grito que capto la atención en los cielo.

Ahora el sacerdote Eli pensaba que estaba ebria. *El estaba sentado.* El sacerdote del tabernáculo en vez de estar trabajando estaba sentado. El hecho de que estaba sentado y no de pies en la presencia de Dios, perdió su discernimiento, su brújula espiritual. Imagínate esto. Esta mujer finalmente tiene la oportunidad de entrar en la presencia de Dios. Por fin tuvo la fe de clamarle a Él, y por ahí viene el "sacerdote", el "líder", el "pastor" pasando juicio en sus acciones.

Como líderes no podemos estar reclinado y quedarnos dormidos en la luz. Si lo hacemos, nosotros malentenderemos a la gente y limitaremos el poder de Dios. Las acciones del sacerdote pudo haber descarriado completamente a Ana. ¡Pero Ana se mantuvo de pies! ¡Su fe no sería desalentada! Esta vez humildemente estaba de pies delante de Eli el sacerdote y ella le dijo, "Halle tu sierva gracia delante de tus ojos" (1 Samuel 1:18). Líderes, las personas que te siguen, las personas en tu ministerio, están esperando ver una afirmación de ti, no que los critiques. Que tengamos ojos ungidos para ver el dolor de la gente pero también su potencial.

La Biblia dice en el verso 18 que cuando Ana salió del tabernáculo, su rostro no estuvo más triste. Ana ya no estaba a dieciocho pulgadas de su victoria. Esto es la característica de fe. Cuando Ana se fue, ella sabía que el Señor le iba dar exactamente lo que ella le había pedido. Ella regreso a su casa y comió su comida de victoria aun antes de verla. Nosotros necesitamos comer más cenas de victoria aun antes de que veamos la victoria. Necesitamos comer más cenas de victoria y celebrar un poco antes de comenzar a ver el "vientre abultado".

Piensa también esto: Ana le pidió un hijo, y Dios le dio a ella un profeta. ¡El siempre nos da mucho más de lo que le pedimos, pensamos o nos imaginamos! (Efesios 3:20-21) ¡Valió la pena la espera!

Ana no era la única que estaba en espera. Israel también esperaba por un hombre de Dios que cambiara la nación. Este fue el tiempo designado. ¡Lo sangriento se torno a gloria!

El Regalo De La Fe

Estoy segura de que muchos de nosotros nos podemos identificar con Ana. Yo sé que yo me puedo identificar. No tienes que necesariamente ser estéril para sentirte estéril. Yo amaba al Señor y le he servido desde el momento en que recibí la salvación. Pero eso no me eximió de la angustia. Dios en Su misericordia me dio tres increíbles hijos, y yo me encargué de criarlos en la casa de Dios. Mis hijos se criaron debajo de los bancos de la iglesia, por así decirlo. Las únicas dos iglesias que ellos conocieron fueron *Brooklyn Tabernacle* y *Christ Tabernacle*. Ellos experimentaron reuniones de oración increíbles y el poderoso mover de Dios. Ellos nacieron y crecieron en una incubadora de la presencia de Dios donde la gente alrededor de ellos ardía en fuego por Dios.

Lo que mi esposo y yo vivíamos en la iglesia, lo vivíamos en casa. No había ninguna ambivalencia. Ellos nos presenciaron orándole a Dios para que abrieran nuestros equipos de pelota en nuestro vecindario y que jugaran sábado para que ellos pudieran participar, porque en nuestra casa el domingo era el Día del Señor. Ellos vieron de primera mano cómo Dios abrió las puertas para ellos. Vieron cómo, cuando mi hijo mayor, Adam, se unió a la tropa de los Niños Escucha, yo le conseguí el uniforme y le pegué los parchos, pero la noche que iba a enviarlo, el Espíritu Santo me dijo que colgara el uniforme de vuelta en la percha porque él no iba a ir. Yo obedecí esa calmada y humilde voz, solo para enterarme menos de un mes después que el hombre a cargo de su tropa estaba abusando de los niños.

Dios nunca dejó de dirigirnos. ¡Los niños vieron los más grandes pecadores convertirse en los más grandes santos delante de sus ojos! ¡Eran miembros de pandillas y vendedores de drogas un día, y miembros del coro de la iglesia al día siguiente! Ellos vieron cómo Dios proveyó cuando primero entramos al ministerio porque los padres de mi esposo nos desheredaron. Me vieron clamarle a Dios un día por un bistec. Yo dije, "Dios, si yo como un huevo más, voy a cacarear y me van a salir plumas". Ellos vieron que esa noche tocaron a la puerta y alguien me entregó unos jugosos y gruesos bistecs. La persona dijo, "Nos íbamos a comer estos bistecs, pero de repente decidimos que queríamos salir a comer". ¡Esa es una cena de victoria! (Véase 1 Samuel 1:18)

En otra ocasión no teníamos pan en la casa, y no teníamos dinero para comprar pan para hacerle sus emparedados de jalea y mantequilla de maní para su almuerzo al día siguiente. Resulta ser que esto sucedió la noche de nuestra reunión de oración. Escucho al Espíritu Santo decirme, "Sólo ve a la reunión". Lo hice, y, efectivamente, una mujer que todavía asiste a nuestra iglesia estaba de pie en el vestíbulo de nuestro antiguo edificio con una hogaza de pan en sus manos. Ella era alta y estaba aguantando la hogaza de pan bien arriba, diciendo, ¿Alguien necesita una hogaza de pan? Yo dije, ¡Ese es mi pan!

Ellos también fueron testigos de cómo su abuelo y abuela fueron salvados milagrosamente y proveyeron el dinero necesario para comprar el edificio de oficinas donde ahora trabaja nuestro equipo. Eso no parecería tan impresionante, si no fuera porque, por un tiempo, mis suegros nos dejaron de hablar por completo cuando nos fuimos a trabajar de lleno en el ministerio. Mi esposo, quien era el mayor de tres hijos, trabajaba para ellos. La familia tiene un negocio de comida italiana gourmet, que, dicho sea de paso, fue destacado en el programa de cocina *"Throwdown"* con *Bobby Flay*. (Sí, lo sé, fue un anuncio sin vergüenza alguna.) Pues, cuando mi esposo decide irse al ministerio, mis suegros lo tomaron muy personal. Se sintieron como si mi esposo los hubiese traicionado para irse a trabajar con Jim Cymbala, como si hubiese abandonado su familia por otra familia. Ellos no lo vieron como una decisión de servir al Señor. Así que nos desecharon por completo hasta que su hijo decidiera volver.

La iglesia nos pagaba $80 a la semana, además de pagar nuestra hipoteca (que era $287 mensuales) y nuestras utilidades. Bajamos de un salario de $1,000 semanales con vacaciones pagadas en cualquiera de sus propiedades para vacacionar, carros de la compañía, y bonos anuales, a un salario de $80 semanales sin plan médico y sin vacaciones. Fue como si la alfombra de seguridad nos hubiese sido arrancada de debajo de nuestros pies. Pero, años después, ¡la agonía se convirtió en la gloria! Dios, como siempre, fue tan fiel. ¡Lento, pero fiel!

Cuando mi hijo mayor, Adam, llegó a su adolescencia, algo comenzó a cambiar. Fue como ver la película *Transformers* – cambió; su rostro cambió. Según se fue poniendo mayor, se volvió un poco más desafiante. Porque el pecado es contagioso y no puede ser contenido, afectó los otros dos varones. Así que, aquí estoy yo, sirviendo a Dios con todo mi corazón. Soy esposa de pastor, líder de ministerio, y muy reconocida como oradora en conferencias para mujeres, y, de la nada, llegan los problemas a mi casa. Fue como la plaga, un momento muy oscuro, y resultó ser una situación crónica por unos cuantos años. Mi casa estaba llena de hijos físicos, pero estaba vacía de vida espiritual.

Mi esposo me amaba y nuestra iglesia estaba creciendo, pero ahora tenía otra razón para sentirme avergonzada y desgraciada. Me sentí como que había fracasado. Durante los servicios del domingo, la tradición era que la familia pastoral se encontrara en la primera fila. Durante ese glorioso momento de adoración, yo me perdía en la presencia de Dios, sólo para abrir mis ojos y encontrar que mis hijos habían desaparecido. Yo quería salir corriendo a buscarlos, pero todos los ojos estaban puestos en mí, así que tenía que sentarme tranquilamente en mi asiento como si todo estuviera bajo control. Claro, semana tras semana, mi tiempo en la presencia de Dios estaba siendo arruinado. No me podía concentrar. Me perseguía la culpabilidad. ¿Qué clase de madre soy? ¿Qué clase de hijos he criado? ¿Cómo pude hacer tan mal trabajo? Le decía a mi esposo, "Tal vez debamos dejar el ministerio".

"¿Líder del ministerio de oración intercesora? ¡Ja, ja! ¡Qué chiste!", el enemigo se burlaba de mí. Estuviese en casa o en la iglesia, no podía escapar la vergüenza que sentía. Alguien en mi congregación me dijo que Dios le mostró que había pecado en mi vida y que nosotros no éramos gente de fe. ¡Nada como unas palabras de aliento cuando ya estás arrastrándote por el piso, sintiéndote como que no puedes caer más bajo! Esto siguió sucediendo año tras año. Yo lloraba ríos de lágrimas en el altar, pero nada cambiaba ¡*porque yo no cambiaba*! Salía de la iglesia y volvía a tomar las mismas viejas armas carnales semana tras semana, año tras año. Mis armas favoritas eran regañar, quejarme, auto-conmiseración, auto-santificación, culpabilidad, y, por supuesto, condenación.

Permíteme decirte que una de las muchas lecciones que he aprendido es que a Dios no lo mueven nuestros quejidos, ni auto-compasión. Tal vez podrá funcionar con tu esposo, amistades, o hijos, pero absolutamente no funciona con Dios. ¡La única cosa que funciona con Dios es cuando Su olfato huele la dulce fragancia de nuestra fe! También he aprendido que yo no soy la única sufriendo de esta plaga de auto-compasión. Se ha propagado por el mundo entero, y es al día de hoy la mayor amenaza a que nuestras generaciones futuras se levanten y tomen el mando.

A veces – o, debería decir, frecuentemente – vamos a la iglesia pero ¡no vamos a la batalla! ¡A veces estamos tan ocupados llorando que se nos olvida cómo clamar! Recuerdo haber pensado que si tuviese un ministerio de jóvenes vibrante en nuestra iglesia esa sería la solución a los problemas de mis hijos. Así que el ministerio de oración de nuestra iglesia clamó por años: "Dios, por favor, danos un ministerio de jóvenes vibrante. ¡Danos un coro de jóvenes!" Pero año tras año pasaba y no veíamos señales de vida. Fue como si Dios hubiese cerrado las ventanas de los cielos. Fue como si el útero de nuestras oraciones no pudiese producir vida.

El enemigo me provocaba. Yo escuchaba una voz muy adentro de mí que me decía, "Eso no es para ti. No es para tu iglesia. Eso nunca sucederá para ti." Yo lo sobrellevaba como mejor podía y les decía a los intercesores en tono de lástima, "Yo sé que parece como si el cielo estuviera hecho de hierro, pero creo que tal vez un día Dios podría escuchar nuestro clamor". ¡Esa era toda la fe que yo podía juntar!

¡Pero un día me puse de pie! ¡Un día me levanté de la mesa del dolor y la acusación y la vergüenza! Un día, mientras leía mi lectura bíblica diaria, leí estas palabras en Hebreos 3:6, "Pero Cristo, como hijo sobre Su casa, la cual casa somos nosotros, si retenemos firme hasta el fin la confianza y el gloriarnos en la esperanza". ¡Me detuve inmediatamente mientras el Espíritu Santo me tocó muy profundo en mi corazón! Mientras leía las palabras, *"Nosotros somos su casa"*, el Espíritu Santo terminó la oración y dijo estas palabras que me cambiaron la vida: *"Y Mi casa será llamada casa de oración, pero ustedes la han hecho cueva de ladrones".*

Yo inmediatamente me puse a la defensiva. Y dije, ¿Yo, Señor? ¿Yo? Pensé, "Yo soy la líder del ministerio de intercesión; eso es como el tope del tope de las fuerzas armadas, las fuerzas especiales, ¿no lo sabes?" El Espíritu Santo rápidamente me contestó ese día y dijo, *"Tú estás orando sutiles y amables oraciones de madre – de esas oraciones que dicen, Él es un buen niño. No, no lo es. Es sólo una fase. ¡No, no lo es! ¡Tus hijos están en serios problemas! ¡Estás tratando de ganar una guerra nuclear con una pistola de agua! Tú necesitas lanzarte a la guerra. ¡Necesitas orar y ayunar! ¡Esto se trata de una vida por otra vida!"*

Debí de haberme sentido más emocionada por esas palabras. Después de todo, el Señor me estaba dando la clave para terminar esta sangrienta batalla. Pero en vez de eso, sentí resentimiento y no podía entender por qué al principio. Yo inmediatamente le reclamé a Dios y dije, "Yo he criado mis hijos en la casa de Dios, y he hecho todo lo posible". ¡Sólo hubo silencio! Yo me levanté de la mesa de la cocina y caminé hacia el salón comedor (ya sabes, ¡el que tenía filtraciones!). Entonces le dije a Dios, "Yo oraría y ayunaría, pero ¡yo realmente no creo que Tú salvarías a mis hijos!"

Verás, yo podía fácilmente creer que Dios puede salvar *tu* hijo, pero no el mío. El cerebro de mi corazón no estaba programado para recibir bendiciones. Estaba programado para esperar lo peor o no esperar nada cuando era relacionado a algo importante para mí. Yo le dije a Dios ese día, "La verdad es, yo sé que tú salvaste a Franklin Graham, el hijo del gran Billy Graham, porque es el hijo de Billy Graham. Y yo sé que salvaste a Chrissy, la hija del Pastor Cymbala, porque es la hija del Pastor Cymbala. Pero, Señor, yo no creo que Tú salvarías mis hijos porque son míos, y yo estoy estropeada y dañada".

Yo sentía que mi esposo y yo sólo éramos un par de ex-drogadictos. Bien profundo dentro de mi corazón yo no creía que nosotros valíamos lo que estas otras familias valían. Lo que en realidad pensaba era que nosotros tuvimos suerte de haber alcanzado la salvación, y yo no quería pasarme de la raya. Yo no creía que Dios alguna vez pudiese usar mi familia. Nosotros no teníamos ninguna impresionante herencia espiritual.

Entonces se encendió una luz en mi mente, y recibí una revelación que me cambió la vida y reprogramó la manera en que el cerebro de mi corazón pensaba. Me di cuenta de que la fe no era un fruto del Espíritu; ¡era un regalo de Dios! Yo no tenía que esperar veinte años para cultivarla. No tenía que orar las palabras correctas en el orden exacto para que me contestara mi oración. No tenía que ganármela, y no podía recibirla pretendiendo que la tenía. ¡No! Si, de hecho, no tenía fe – y yo no la tenía – ¡lo único que tenía que hacer era ir al Dador del regalo y pedírselo! Era tan sencillo como eso. Yo solamente tenía que admitir que no tenía fe para creer que mis hijos iban a regresar. Yo simplemente tenía que ir al Único que podía cambiar mi situación y pedirle que me conceda el arma de la fe para derribar este asunto crónico.

Después de esta revelación, yo oré la oración más simple y corta que he orado en mi vida: "Señor, ¡bautízame con el regalo de la fe!" ¡Te prometo que ese día en mi salón comedor el Espíritu Santo me bautizó con fe desde la punta de la cabeza hasta la punta de los pies! ¡Me sentí electrificada! ¡Yo sabía, igual que Ana, que iba a recibir aquello que pedí en oración! Desde ese momento en adelante, todo parecía diferente. Fue como si una nube de oscuridad se hubiese disipado. Ahora podía ver claramente. Veía mis hijos como los poderosos hombres de Dios que estaban destinados a ser. Dios me dio este sobrenatural regalo de fe para creer en Su Palabra. Ahora yo era en verdad una creyente, ya deje de ser una no creyente.

Yo sabía que ahora estaba embarazada con nueva vida en mi vientre espiritual. La prueba de embarazo espiritual salió *positiva*, ¡y yo estaba positiva de que iba a dar a luz en el espíritu! ¡Me lancé a la guerra! ¡Mi lema era *basta ya*! Ahora era tiempo de alimentar esta creciente promesa que cargaba. Cambié mi postura. Dejé de llorar por lo que no tenía, y empecé a clamar por lo que podía tener. Yo ayuné. Mientras cocinaba para mi familia, escuchaba al Espíritu Santo decirme, "No comas eso. Una vida por una vida. Come sopa. Come una ensalada. Come un huevo." Y por encima de todo, ¡Lánzate a la guerra!

Cuando todo el mundo se iba de la casa, ¡yo me convertía en Atila el feroz guerrero de Huno (Attila the Hun)! Dejé de orar las "oraciones sutiles y amables de las madres". ¡No más Señora Amable! Yo llamé esas cosas en las vidas de mis hijos por su nombre – ¡sin tapar el cielo con la mano! ¡Comencé a luchar contra el espíritu de orgullo, manipulación, lujuria, y simple y sencilla mundanalidad! Dios comenzó a revelarme cosas muy específicas. Mi hijo mayor, Adam, estaba vendiendo drogas; el hijo del medio, Jordan, se estaba enredando en actividades de pandilla, pintando grafiti por todo el vecindario; y mi hijo menor estaba siguiendo los pasos de sus hermanos mayores. Adam llegaría a la casa, y yo le diría, "Permiso, tengo que revisar ese bolsillo", y ¡le sacaría un cigarro de marihuana! No tenía que regañar. No había manera de detenerme. Simplemente le diría, "Ahora que tengas una buena noche, hijo".

¡Ahora, mis hijos me estaban mirando como si fuera un extraterrestre! En cierta forma, lo era. Estaba cargando algo de otro mundo dentro de mí, ¡y me estaba avivando! Una noche, cuando mi hijo más joven, Chris, estaba pasando la noche en la casa de un amigo, sentí una inquietud en el espíritu de llamar esa casa, lo cual hice. Cuando su amigo contestó el teléfono, le dijo a mi hijo, "Es tu madre". Le dije a mi hijo, "No te atrevas mirar esa revista". Y entonces colgué el teléfono. Cosas similares sucedieron con mi hijo Jordan. Regresó a la casa de una fiesta una noche, y yo le dije, "Jordan, yo sé exactamente lo que hiciste esta noche". Él era mi hijo más tierno. Regresaba a la casa y me encontraba de rodillas orando y me decía, "Mamá, por favor no dejes de orar por mí. Está funcionando".

De repente mis hijos vieron la mano de Dios por sus propios ojos. ¡Empezaron a darse cuenta de que Dios era más que un "asunto de iglesia"! Dios era real, y estaba rompiéndoles sus planes. Pero permíteme añadir lo más importante que acompañó mi cambio radical de corazón: mi ministerio de intercesión se lanzó a la guerra conmigo. Unieron fuerzas y entrelazaron brazos conmigo, y se lanzaron a la guerra conmigo como un ejército imponente. Estábamos determinados a luchar contra este enemigo y destruir esta plaga. Conseguimos un pedazo de madera de roble enorme y le dibujamos el centro de un blanco de tiro. Yo puse los nombres de mis hijos y de sus amigos justo en el centro, y ¡otros añadieron los nombres de sus hijos! Aun añadimos los nombres de algunos hijos cuyos padres no estaban presentes. Algunos padres sintieron tal resentimiento porque pusimos los nombres de sus dulces hijos en la lista de los hijos perdidos, que exigieron que sacásemos sus nombres de la lista. Les complacimos. Les dije, "Como gusten". Pero añadí estas palabras: "No me importa si tengo que sacar un anuncio en la primera página del periódico más reconocido del mundo, mis hijos *van a servir al Señor*".

Ahora todas nuestras oraciones cambiaron. Todos estábamos

encendidos en fuego, prendidos en llamas. Estábamos en una misión, y sabíamos que la misión se llevaría a cabo. Resulta ser que las cosas se pusieron peor con mi hijo mayor. No quería seguir con el programa de Dios, pero su mejor amigo, Ralph, se convirtió de todo corazón. Ralph es como si fuera nuestro cuarto hijo. Él creció en nuestro hogar y lo amamos como si fuese nuestro hijo. Con la nueva fe de Ralph, ya no quería salir con Adam de noche. En vez de eso, ¡quería quedarse en casa con la madre de su mejor amigo y orar! ¿Tiene Dios un sentido del humor o no?

Esto enfurecía a Adam. Diría cosas como, "Yo no quiero tu Dios. ¡Déjame solo!" Yo pensaría, "Pues eso no va a suceder". ¡Me rehusaba a ser detenida, y no aceptaría un no! Dios me lo prometió, y eso era todo lo que yo necesitaba saber. Entonces los relojes del cielo y de la tierra cayeron en perfecta sincronización. ¡El "tiempo designado" llegó! ¡Mi agonía estaba a punto de convertirse en Su gloria!

¡No Te Rindas!

Dios los salvó a *todos*, uno por uno, ¡tal y como lo prometió! Salvó a mi hijo del medio, Jordan, un domingo y a mi hijo mayor, Adam, el siguiente martes en la noche. Chris llegó a los caminos del Señor un poco después. No solo Dios los salvó, sino que, ¿recuerdas ese ministerio de jóvenes por el cual estuvimos orando casi una década? Pues, no tenía ni idea que yo estaba preparando los líderes del ministerio de jóvenes justo debajo de mi nariz. Esa semana que mi hijo Adam fue salvo, impuso las manos sobre su padre quien iba a salir a predicar a una conferencia para hombres y le oró la oración del libro de Ezequiel. No podía creer lo que mis oídos estaban escuchando, pero el Espíritu Santo dijo, "Mi palabra *nunca* torna atrás vacía, sino que ¡*siempre* cumple aquello para lo cual fue enviada!" Me dijo que mi esposo y yo habíamos alimentado nuestros hijos con la Palabra de Dios todos estos años. Esa Palabra estaba dormida muy profundo dentro de ellos, pero una vez ellos fueron salvos, ¡se encendió con el Espíritu Santo muy adentro y se volvió vida para sus huesos secos!

Adam renunció a su beca en Rhode Island, donde estaba haciendo todas sus fechorías. Escuchó al Espíritu Santo decirle, ¿Qué aprovechará al hombre si ganare todo el mundo pero perdiese su alma? Se fue a un colegio en la ciudad de Nueva York y trabajó en el equipo de mantenimiento de nuestra iglesia. Mientras estaba pasando la aspiradora en la oficina de su padre un día en Agosto, tuvo una visión de una explosión juvenil. En el espíritu, vio el edificio lleno de adolescentes, aunque en ese momento no teníamos ni la mitad de los jóvenes que él vio en nuestra iglesia. El Espíritu Santo lo dirigió a tener una reunión de jóvenes el viernes en la noche luego del Día de Acción de Gracias.

Así que Adam, Jordan, y Ralph comenzaron a prepararse. Se reunían a orar y ayunar por la juventud del vecindario. Se lanzaron a la guerra. El ministerio de intercesión se unió a ellos. Dios ahora estaba cerrando la brecha generacional. Los adolescentes estaban comenzando a ser salvos, y los que ya habían sido salvos estaban encendiéndose en el espíritu. Es como si hubiesen estado escondidos y de repente comenzaron a aparecer de todas partes. Todo el paradigma espiritual cambió. Antes, si tú eras un cristiano y querías servir a Dios, eras el más raro en el grupo. Se hacía muy difícil vivir una vida comprometida con Dios.

Mi hijo del medio, Jordan, el artista de grafiti, preparó las invitaciones, y la juventud salió a visitar el vecindario anunciando la primera Explosión Juvenil. Muchos ancianos bien intencionados dijeron, "Bueno, no se sientan decepcionados si Dios no llena el edificio de jóvenes. A lo mejor lo que quiso decir era que el edificio sería lleno de Su presencia". Mi hijo simplemente les contestaba, "Dios dijo que se llenaría de ambos". Bueno, esa noche finalmente llegó – y había una fila alrededor del bloque. Jóvenes con gorras puestas al revés y pantalones arrastrando por el suelo estaban en línea. Algunos tenían puestos los colores representativos de sus pandillas.

La reunión comenzó, y la presencia de Dios envolvió el lugar. Fue lleno desde arriba hasta abajo. Había jóvenes hasta en la planta alta. Cerca de mil jóvenes, de los cuales la mayoría no conocían al Señor, se aparecieron – ¡y Dios también! Ellos corrieron al altar, lanzando al suelo sus cuchillos y los colores de sus pandillas por una armadura completamente diferente. ¡El resto es historia!

Yo oré por hijos, ¡y Dios me entregó hombres de Dios! Esa Explosión Juvenil ha sido destacada en varias revistas y programas de televisión internacionales. Mi hijo Adam es ahora el pastor ejecutivo, y nuestro hijo Chris ahora dirige el ministerio de jóvenes. Le cambió el nombre a ¡*Misfit!* Sigue creciendo rápidamente. Chris ha ministrado desde las plataformas de varios de los ministerios más grandes alrededor del mundo. Su libro ¡*Misfit!* ya va por su séptima edición – y pensar que cuando era niño tenía déficit de atención ¡y su maestra me dijo que él era estúpido! De verdad me gustaría tener una reunión con esa maestra hoy.

Mi hijo del medio se convirtió en un misionero en Lima, Perú, y por sus increíbles logros en ese país, lo designaron como el director regional para *Operation Blessing*, en Centro y Sur América y Méjico. Ha visitado varios palacios presidenciales y ha llevado a algunos de ellos y sus familias a los pies de Cristo. Cuando yo estaba embarazada con él, el Espíritu Santo me dijo que le pusiera por nombre Jordan porque cruzaría por muchas tierras. Y justo como dijo Dios, ha hecho Jordan. Jordan ahora se encuentra en casa y maneja nuestro Centro de Legado, el cual es el brazo humanitario de *Christ Tabernacle*. ¡Su ministerio ha construido hogares para víctimas del Huracán Sandy, ¡gracias al apoyo del Ministerio de *Joyce Meyer*!

¡El Centro de Legado es asombroso! La meta de Jordan es suplir *buena* comida para los 55,000 deambulantes en la ciudad de Nueva York, 22,000 de los cuales son niños, comprando camiones de comida. El centro tiene un almacén de 10,000 pies cuadrados, que llaman La Tienda, y cada semana le da a miles de familias heridas la oportunidad de recibir mobiliarios nuevos libre de costo para sus apartamentos. Ellos además proveen miles de bultos para las escuelas en los vecindarios menos afortunados. Su sueño es abrir un Centro de Sueños en la ciudad de Nueva York.

Ralph se fue a obtener una maestría en la Universidad de Nueva York. Él es brillante. Es uno de los pastores maestros en nuestro equipo y uno de los oradores más ungidos y creativos sobre la faz de la tierra. Ha influenciado literalmente a miles de jóvenes y jóvenes adultos en esta generación. Los ha animado no sólo a obtener sus grados universitarios, sino también a ser una influencia en su escuela superior y universidad.

Padres, no esperen a que sus hijos estén fuera de control para entonces lanzarse a la guerra. Comiencen a orar por ellos desde que son pequeños. Ana vistió a Samuel con un pequeño efod de lino desde muy pequeño. Eso significa que lo vistió como un sacerdote mucho antes de que él se comportara como un sacerdote. Viste tus hijos con palabras de afirmación y destino cuando son jóvenes. Ana fue ajustando el efod al tamaño de su hijo año tras año. Toma la Palabra de Dios y ajústala al entendimiento de tu hijo mientras crece en la amonestación del Señor.

Yo no tenía ni la menor idea de que ponerme en pie y recibir el regalo de fe que cambió la manera en que el cerebro de mi corazón estaba programado también cambiaría mi vida de oración y la manera en que todos nosotros como intercesores orábamos. Cambió el curso de las vidas de mis hijos, nuestra juventud, y nuestra comunidad. La cantidad de crímenes bajó, la cantidad de grafiti bajó, la cantidad de graduaciones subió. ¡Los clubes en el vecindario tuvieron que cerrar porque todos los jóvenes estaban esperando en línea para entrar a la reunión de jóvenes del viernes por la noche para danzar delante del Señor! Y el sistema de escuela público, que había echado fuera el nombre de Dios, le ha pedido a nuestra iglesia que vaya y le hable a sus jóvenes. Pero, por encima de todo, ¡el regalo de la fe cambió la vida y cultura de nuestra iglesia!

¡Si esta generación no hubiese sido salva, nosotros nos hubiésemos extinguido como los dinosaurios! Ahora la manera en que el ministerio de jóvenes a través de todos los Estados Unidos se lleva a cabo ha cambiado. Autobuses de otros estados vienen solamente a ser parte de la reunión de jóvenes. Donde hay fuego, todo el mundo va a ser atraído hacia él. No tienes que anunciar el fuego. El fuego es lo que atrae la gente. Esos jóvenes con los pantalones arrastrados ahora son pastores, diáconos, líderes de adoración y músicos en nuestra iglesia. ¡Se encuentran entre los más ungidos y talentosos de esta generación!

¡Dios necesita levantar una generación de más Ana que se *pongan de pie* y *no se rindan*! Una generación que cambie su postura. Una generación que se rehúse a aceptar la muerte y la esterilidad. ¡Una generación que no se rinda, sino que rinda sus vidas ante Dios para poder dar a luz vida!

Pero, primero, antes de poder ponernos de pie por otros, tenemos que ponernos de pie por nosotros mismos. Tenemos que tomar posición y recibir el increíble y asombroso amor que Dios tiene para todos y cada uno de nosotros. Tenemos que permitirle a la verdad de este abrumador e inmerecido amor lavar cada grieta y espacio en lo más profundo de nuestro ser – limpiando todo lo que pueda cuestionar, rechazar o burlarse de ese incomparable amor.

Ahora es tiempo de cambiar tu posición, levantarte, y libremente aceptar cada bendición que Dios tiene para ti. Sabrás más allá de toda duda que has terminado la jornada de dieciocho pulgadas exitosamente cuando comiences a sumergirte diariamente en el río de Su increíble gracia, naturalmente aceptando Su amor en vez de rechazándolo. Como consecuencia, también podrás amar a otros incondicionalmente, porque sabes que sabes que fuera de toda duda, tú eres amado incondicionalmente. ¡La *revelación* de Su amor traerá una *revolución*!

Iglesia, ¡necesitamos una *revolución*! ¡Tiene que comenzar con nosotros! Tiene que comenzar en el vientre fértil de un corazón limpio, que será impregnado con la santa Semilla y entonces podrá producir hijos espirituales. Como padres, los dimos a luz la primera vez, ¡así que ahora nos toca darlos a luz nuevamente!

Nehemías dijo, y parafraseo, "Después de mirar la situación, yo *me puse en pie* y le hablé al pueblo y dije, "No le tengan miedo a ellos. Recuerden al Señor, grande y maravilloso, y *peleen* por sus hijos e hijas" (Nehemías 4:14). En el Salmo 106:30, Finees el sacerdote se puso en pie y la plaga fue detenida. Jueces 5:7 dice, "Las aldeas quedaron abandonadas en Israel, habían decaído, hasta que yo Débora me levanté, me levanté [me puse en pie] como madre en Israel".

Nunca te des *por vencido* – *ponte de pie* y pelea por lo que te pertenece.

Recuerda, el reino de Dios sufre violencia, pero solo los violentos (en el espíritu) lo arrebatan (Mateo 11:12). Siempre habrá algo de *agonía* antes de que Él derrame Su *gloria*, pero hay un *momento designado*.

Espéralo. ¡Aunque tardare aún por un tiempo, sin duda vendrá, no tardará!

Oremos

Señor, yo no tengo el regalo de la fe, pero vengo a Ti, el dador de este regalo. Te estoy pidiendo que me bautices con la fe que necesito para creer que lo que hiciste por otros, también lo harás por mí. Dame las fuerzas para luchar y esperar hasta ver mis oraciones contestadas — hasta que vea el "momento designado" llegar a mi vida. En el precioso nombre de Jesús te lo pido, amén.

CONCLUSIÓN – EL CORAZÓN DEL ASUNTO

A traves de este libro hemos visto que el corazón tiene un mente propia y que mucho de nosotros necesitamos re-alambrar la manera en que el cerebro del corazón piensa. Bueno, todo lo que has leído era para llegar al punto, el corazón y el porqué el corazón tiene que ser transformado – él porque tenemos que tomar el salto de dieciocho pulgadas a la victoria.

En Mateo 22:36-40 un fariseo, un experto en la ley, pregunto a Jesús, ¿Cual es el grande mandamiento en la ley? Jesús le contesto, "Amaras al Señor tu Dios con *todo tu corazón*, y con *toda tu alma, y con toda tu mente*" (énfasis añadido). (Notemos que Jesús hizo una distinción entre el corazón, el alma y mente; claramente estas son las tres frentes de batallas que tienen que ser conquistadas. Pero fíjense que el corazón fue el numero uno.) El continuo diciéndole, "Este es el primero y grande mandamiento. Y el segundo es semejante: Amaras a tu prójimo como a ti mismo. Sobre estos dos mandamientos aguarda todas las Leyes y los Profetas."

Jesús quien fue el cumplimiento de la ley, resumió toda la economía del cielo en dos cortas oraciones. Este es el punto crucial de asunto. En este momento podemos ver cuál es el número uno en la lista de prioridad para Dios. Nos debe provocar a tomar una mirada en la profundidad de nuestros corazones para ver donde El Medico por excelencia tal vez necesite poner Su bisturí.

En Mateo, Jesús no hace distinción entre amarlo a Él y amar a nuestro prójimo. En la respuesta que El da, son todas iguales. ¡Son intercambiables! El está diciendo que si lo amamos a El sin reservación, nosotros también amaremos a otros en la misma manera. También lo podemos intercambiar y decir que si amamos a otros con reservas, pues amaremos a Dios con reserva.

Jesús básicamente está diciendo que la única manera que le podemos demostrar a Dios que le amamos a Él, es amando a nuestro prójimo. Piénsalo por un momento. ¿Qué otra manera hay para enseñarle a Dios nuestro amor? Después de todo, no podemos comprarle a Dios flores. ¡Él las creo y está rodeado por jardines de ellas! No le podemos comprar perfume. ¡Él es la fragancia que convierte todo hedor en una aroma dulce!

Examinemos esta pregunta básica de los expertos en la ley juntamente con la respuesta de Jesús. Primero y sobre todo, lo que tenemos que entender es que la ley a la que los expertos indagaban y la ley a la que refería Jesús en su respuesta, eran dos leyes completamente diferentes. Los maestros de la ley, y El que había cumplido la ley, estaban en dos extremos diferentes. Cuando Jesús hablaba de la ley de Dios, El hablaba de la ley de del amor, que era la "ley del cielo" que promovía amabilidad y solo puede venir del corazón que había sido hecho completo.

Al contrario, a esos expertos de la ley, la ley era como seiscientos o mas reglas hechas por el hombre que incluye varias reglamentaciones, restricciones dietéticas, y requisitos para la apariencia externa. Era como una lista de cotejó. Aunque sus leyes significaban todo para los Fariseos, su interés en la ley no era para el bien de otros. Para ellos era algo para obtener un título, para aumentar su ego, una fuente de orgullo, ¡un mojigato que podían permitirse sentarse en la primera fila de asientos en la sinagoga!

Como nosotros ya sabemos, había un aspecto negativo a su pericia. La Biblia dice que el conocimiento envanece, y ellos estaban envanecidos como un soufflé – alto y poderosos… ¡digo, poderosamente tristes!

Otro punto es el amor, que da crecimiento a otros. Cuando los expertos en la ley se envolvieron en un conversación con Jesús, ellos no estaban interesados en como Jesús posiblemente le podría enseñar y algo o posiblemente cambiar sus corazones. *No,* a ellos le interesaba envolver a Jesús en un juego de mente y no en tener una conversación de corazón a corazón. El juego de los Fariseos era quien sabía más que el otro. Pero el juego que debemos estar esforzándonos ganar tiene que ver con quien ama a quien más.

La ley de Dios desafortunadamente, no era nada más para estos "expertos" que un tema para debatir y discutir todo el día. Ellos lo usaban como un arma en contra de los que no serian considerados expertos de la ley.

Aunque la ley era su vida, nunca cambio sus vidas de la manera que la ley del amor de Dios está planeado. Para ellos, todo en referencia a Dios era irrelevante. Ellos nunca le dieron a la ley del cielo una oportunidad de viajar las dieciocho pulgadas, donde finalmente los podría transformar y en cambio transformar sus comunidades.

Como creyentes nacidos de nuevo, tenemos que permitir que el amor de Dios viaje hasta lo más profundo de nuestros corazones, para que se pueda derretir y convertirse como el corazón de Dios. Cuando no le permitimos al amor de Dios que penetre y se infiltre en los lugares escondidos de nuestro corazón y traerle sanidad, nosotros seremos tal y como los supuestos expertos. ¡Nosotros nos enfocaremos en las leyes equivocadas!

Cuando el amor de Dios no es la ley suprema que gobierna la mente de nuestros corazones, criticaremos y seremos orgullosos – nada más que unas vasijas decoradas y vacías del amor de Dios. Seremos como aquello que de frases en bocas religiosas, cargando letreros en la fila de piquete, y hablan en "Cristiachino", pero hacen poco o nada para quitarle la carga de aquello que están viviendo en dolor.

El único beneficiario en nuestro espectáculo somos nosotros, los creídos. Lo triste es que podemos fácilmente sobrevivir y aun prosperar en un ambiente de iglesia ¡donde mucha de la gente está enferma como nosotros! Nos convertimos en personas que, atraves de ser "nacido de nuevo", - *que coláis el mosquito y tragáis el camello* – y perdemos el panorama de cómo debe ser. (Mateo 23:24)

Del otro lado, a Jesús solo le interesaba compartir el mensaje de amor de Su Padre. El solo quería simplificar todas las leyes hecha por el hombre, e ir directo al punto y reducir el

fiasco a dos simple conceptos. Estos en realidad eran uno y el mismo: amar al Señor con todas las partes, corazón y mente, y en cambio, ama a tu prójimo como a ti mismo. ¡Pero esto no termina ahí! Tu prójimo, el beneficiario de esta clase de amor, se derretirá por lo divino, amor sobrenatural de Dios que se derrama sobre ti y algún día tú lo derramaras sobre otros. Cuando nuestros corazones estan completos, ¡crea un efecto de dominós!

Pero ahora tenemos un problema en el punto decisivo. Es imposible amar a tu prójimo tanto como te amas a ti mismo si no amas a Dios con *todo tu corazón*. ¡Y es imposible amar a Dios con *todo tu corazón* a menos que tu *corazón* este completo!

¿Puedes ver porque el tener un corazón saludable es de suma importancia? ¿Puedes ver el porqué conocer la Palabra de Dios en tu mente no es suficiente? ¿Puedes ver que el corazón tiene que estar entero o completo para poder amar a Dios y en cambio amar a nuestro prójimo? Esto es todo lo que le concernía a Jesús, quien era Dios encarnado. Cuando amamos a Dios con todo nuestro corazón, el resultado por supuesto, es que no solo amaremos verdaderamente nuestro prójimo, pero también buscaremos maneras en que podemos será amable el uno con el otro de modo que le permite al cielo descender a la tierra.

En Lucas 10 otro tal experto en las leyes le pregunto a Jesús, ¿Quien es mi prójimo? (v. 29). Y Jesús señalo que el verdadero héroe en la historia es el buen Samaritano. Un Samaritano – no un sacerdote, no un Levita, aquellos que tenían títulos respetables. No, ellos cruzaron la calle cuando vieron al hombre moribundo. Ellos estaba muy ocupados hiendo hacia y regresando de sus deberes religiosos para detenerse y ayudar al hombre.

Ellos eran en cierto modo como nosotros. Estamos tan envueltos en nuestros comités, nuestros estudios bíblicos, y los ensayos del coro que a veces no tenemos tiempo para la gente que están desangrándose a la orilla del camino. Demasiadas veces vamos apurados para nuestro hogar despues del servicio en la iglesia o apurados para llegar a tiempo al servicio.

No creo que el sacerdote ni el Levita intencionalmente pensaron, "Yo solo dejare al hombre que se desangre. No es mi problema." No, yo solo pienso que debido a que sus *corazones no estaban completos*, no podían ver lo que realmente era importante para Dios. Ellos estaban más enfocado en tachar todas sus "t" y ponerle el punto a todos sus "i", porque pensaban en una manera torcida del corazón, ¡que lo que hacían era lo que a Dios le interesaba!

Un Nuevo Nivel

Otro problema mayor que es creado cuando el corazón no está completo, es que no podemos amarnos a nosotros mismos, y esto lo tenemos que hacer si hemos de amarnos los unos a los otros. Cuando nos odiamos a nosotros mismos, odiamos al mundo. Cuando tenemos coraje y estamos insatisfechos con nosotros mismos, tenemos coraje y estamos insatisfechos con todo y con todos lo que nos rodean.

Pero el Nuevo Testamento nos da otro reto. Nos dice que no solo amemos al prójimo como nos amamos a nosotros mismo, ¡pero qué amemos al prójimo como Cristo nos ha amado! ¡Uff! ¡Eso si que está pidiendo mucho, pero no tenemos que hacerlo solos! Tenemos morando dentro de nosotros un Ayudador, el Espíritu Santo, que nos empodera a ir a un nivel nuevo – un nivel de madurez, un nivel de valentía. El poder amar a otros como El nos ha amado a nosotros requiere una madurez real. Esa es la cima de nuestra fe. Si, ese es el "nuevo nivel" que debemos esforzarnos llegar – no el "nuevo nivel" de una revelación más profunda para poder poner todo nuestro conocimiento en exhibición, con una sonrisa burlona que dice, "Yo sé más que tu". *¡Completamente inmaduro!*

La Palabra de Dios nos reta en Hebreos 3:13-15 que nos exhortemos los unos a los otros cada día, entre tanto que se dice "hoy", no sea que el diablo traiga desanimo a nuestro hermanos o hermanas, y se *pierda su corazón*. Los creyentes maduros siempre están buscando como animar a otros, porque sus corazones estan rebosando del amor de Dios. Para poder ser un animador, necesitas enfocarte menos en ti y más en el mejoramiento de otros. La gente en el cuerpo de Cristo que son animadores, ¡son responsable de rescatar a muchos santos de la misma mano del enemigo, porque tuvieron la valentía de entrar a sus vidas y animarlos con palabras ungidas del cielo!

¿Sabes que en la sicología hay algo llamado "retención"? La persona que no tiene su corazón completo deliberadamente se retendrá de recibir animo, apoyo o estimulo de otra persona por el temor que las palabras animadoras los pondrá a ellos al mismo nivel. Esto ocurre en el cuerpo de Cristo todo el tiempo. Retenemos palabras de ánimo y el honrarles por temor que esa persona se levante y sea mayor que nosotros. Jesús se hizo El mismo nada, de ninguna reputación, para El hacernos a nosotros mayor. Oh, que el Espíritu Santo no haga completos – de corazones saludables y practicantes del regalo de estimular y animar al prójimo diariamente.

¿De qué nos sirve saber quién es el Anticristo si yo no amo? Si yo no he amado de acuerdo a Dios, yo no soy nada (1 Corintios 13:1-3) – un gran cero (y no estoy hablando del tamaño de ropa). *¿De qué me vale hablar en lenguas pero no hablar en amabilidad?*

Primer de Pedro 4:8 lo resume todo: "Y ante todo, tened entre vosotros ferviente amor" (énfasis añadido), porque el amor tiene una manera de no mirar los pecados de otros. La gente que son expertos en la ley pero no expertos en el amor de Dios, usan la ley para señalar las faltas de otros, pero Dios envió a Jesús para cumplir la ley para que El pueda pasar por alto o omitir nuestras faltas y extender su amor. La ley que es hecha por el hombre mira *a las faltas de otros*, en cambio la ley de amor de Dios mira *para otro lado*, no tomando en cuenta las debilidades de otros.

En la manera que Dios ama, El definitivamente puede ser acusado de muchos "encubiertos". ¡Yo también quiero hacer lo mismo! Yo quiero estar en el negocio de la "cobertura" y no en el negocio de estar "exponiendo o sacando a la luz". Yo quiero tener misericordia como Dios derramo Su misericordia, pero si mi corazón no está completo, seré ciega a toda la misericordia que está a mi alcance.

La Biblia dice en Romanos 13:8, "No debáis a nadie nada, sino el amarnos unos a otros". Porque no podemos pagarle a Dios para atrás por todo lo que Él ha hecho por nosotros, tenemos que pagarlo hacia adelante (al prójimo). ¿Cómo vamos a pagar la deuda de amarnos los unos a los otros si no podemos ir mas allá de nosotros mismo, por tener cosas "almacenada" en el corazón de nuestro cerebro? ¿Cómo podemos pagar hacia adelante al prójimo si nuestros corazones no están pensando en pensamiento del cielo?

¡Yo oro que el Espíritu Santo use a este libro para que llegue al problema en el "corazón" verdadero: los asuntos del corazón! El corazón sella el negocio. ¡Cómo piensa el hombre *en su corazón* – ese es quien realmente es!

Por favor acompáñame a tomar el reto de las dieciocho pulgadas, y permítele al Espíritu Santo arrancar las espinas que han sido plantadas y cultivadas en el suelo de nuestros corazones. Hemos comido de su fruto amargo por demasiado tiempo. ¡Vamos a permitirle al Señor que vuelva a sembrar semilla de Su magnánimo amor en nuestros corazones para que el mundo pueda saborear y ver que El es bueno!

Oremos

Señor, por favor limpia mi corazón completamente. Toma tu bisturí y saca toda la infección que mantiene mi corazón enfermo de una vez y por toda. Hazme totalmente completa para que yo finalmente pueda cumplir el propósito por el cual me creaste. ¡Permíteme ser una influencia con quien puedes contar mientras yo comparto Tu amor, y que yo anime y estimule donde quiera que Tú me pongas, para que el mundo sepa del Salvador que realmente los ama incondicionalmente! En el nombre de tu hijo Jesucristo te lo pido, amen.

NOTAS

Introducción

1. As quoted in Mark C. Crowley, *Lead From the Heart: Transformational Leadership for the 21st Century* (Bloomington, IN: Balboa Press, 2011), 41.

2. Dr. Caroline Leaf, "The Three Brains," http://drleaf.com/about/scientific-philosophy/ (accessed October 7, 2014)

Capitulo 2 – Necesitamos Un Lavado De Cerebro

1. Richard Shears, "Do Hearts Have Memories? Transplant Patient Gets Craving for Food Eaten by Organ Donor," Mail Online, December 23, 2009, http://www.dailymail.co.uk/news/article-1237998/Heart-transplant patient-gets-craving-food-eaten-organ-donor.html (accessed October 14, 2014).

2. *World Book Encyclopedia*, vol. 8 (Chicago, IL: World Book Inc. 1989), s.v. "grasshoppers."

3. Ibid.

Capitulo 5 - ¿El Favor Significa Favorito?

1. Frances J. Roberts, Come Away My Beloved (Uhrichville, OH: Barbour Publishing, Inc. 2002), "Rain."

Capitulo 7 - Ataques Al Corazón

1. As told by Ed Gungor in *Religiously Transmitted Diseases* (Nashville, TN: Tomas Nelson, 2006), 214. See also Lawrence O. Richards, *The Expository Dictionary of Bible Words* (Grand Rapids, MI: Zondervan, 1984) and Spirit-Filled Life Bible NKJV (Nashville, TN: Tomas Nelson, 1991), footnote on 1549.

Capitulo 8 - Las Complicaciones... ¿Algún Día Se Irán?

1. YouTube.com, "Lady Gaga Presents: Gaga Reveled," https://www.youtube.com/watch?v=M0bNhxHeTZQ (accessed October 29, 2014).

2. Brian Hiatt, "Deep Inside he Unreal World of Lady Gaga,"Rolling Stone, June 9, 2011, http://www.rollingstone.com/music/news/deep-inside-the-unreal-world-of-lady-gaga-20110609 (accessed October 29, 2014).

3. Katie Kindelan, "Kevin Costner Surprised by Link to Whitney Houston," ABC News, May 24, 2012, accessed October 24, 2014, http://abcnews.go.com/blogs/entertainment/2012/05/kevin-costner-surprised-by-link-to-whitney-houston/.

4. Rick Renner, *Sparkling Gems From the Greek* (Tulsa, OK: Tech All Nations, 2003), 856.

5. Ibid., 852-853.

6. Peter J. Blackburn, "Dwight L. Moody," Heroes of the Faith, 1999, http://peterjblackburn.net/people/moody.htm (accessed October 15, 2014).

7. Elizabeth Ruth Skoglund, *Bright Days, Dark Nights: With Charles Spurgeon in Triumph Over Emotional Pain* (Grand Rapids, MI: Baker Books, 2000).

8. C.H. Spurgeon, *Chequebook of the Bank of Faith: Daily Readings* (n.p.: Christian Focus Publications, 2005), 215; see also "August 2, Speak What He Teaches," accessed October 7, 2014, http://www.spurgeon.org/fcb/fcb-bod.htm.

Capitulo 9 - Hay Tesoro En La Basura

1. *World Book Encyclopedia,* vol. 8, s.v. "sheep."
2. Mike Bullivant, "Lanolin, Wool and Hand Cream,"PBS.org, http://www.pbs.org/weta/roughscience/series3/shakers/handcream.html (accessed November 6, 2014).
3. Microsoft Encarta Online Encyclopedia 2006, s.v. "lanolin." No longer available online. See also Lanolin.com, "From Fleece to Grease,"http://www.lanolin.com/lanolin-basics/from-fleece-to-grease.html (accessed November 6, 2014).
4. Lawrence O. Richards, *Expository Dictionary of Bible Words* (Grand Rapids, MI: Zondervan, 1991).
5. As quoted in L. B. Cowman, *Streams in the Desert* (Grand Rapids, MI: Zondervan, 1997), "August 13," 309.
6. Rick Warren, Facebook post, June 25, 2011, accessed September 12, 2014, https://www.facebook.com/pastorrickwarren/post/10150303272390903?comment_id+18534102.
7. Andrew Alexander Bonar, *Andrew A. Bonar, D.D., Diary and Letters* (London: Hodder and Stoughton, 1894), 192.

Capitulo 10 - Acceso Total

1. *Strong's Greek Lexion,* G4318, s.v. *"prosagōgē,"* Blue Letter Bible, http://www.blueletterbible.org/lang/Lexicon/Lexicon.cfm?Strongs=G4318&t=KJV (accessed October 7, 2014).
2. *Strong's Greek Lexion,* G3954, s.v. *"parrēsia,"* Blue Letter Bible, http://www.blueletterbible.org/lang/Lexicon/Lexicon.cfm?Strongs=G3954&t=KJV (accessed October 7, 2014).

SOBRE LA AUTORA

María Durso es prueba viviente que si alguno esta en Cristo, es una nueva creación (2 Corintios 5:17). El haber venido de una niñez devastada por pérdida y abuso, creció pensando que podía ocultar su dolor con drogas. Su estilo de vida la podía haber dejado sin esperanza y sola – pero Dios la guardo y preservo la vida de María.

Entendiendo de primera mano los efectos de abandono, soledad y el rechazo, ella le ministra a aquellos cuyo dolor está profundamente en su corazón y se esfuerza a ministrarle a aquello que necesita esperanza. Armada con discernimiento, con el entendimiento del real carácter de Dios, honesta sobre su propia experiencia, con los pies sobre la tierra, María es una intercesora, maestra y una poderosa oradora en sus presentaciones.

En el año 1975, inmediatamente siguiéndole, tomo sus primeros pasos más importante en la vida de María que tomo bajando por el pasillo de la iglesia – María tomo sus segundos pasos más importantes por el pasillo de la iglesia y se caso con su eterno amor, Michael Durso. Ella ha pastoreado junto a su esposo, Michael Durso, el Pastor Principal de Christ Tabernacle, la primera iglesia que salió del Brooklyn Tabernacle, desde el año 1985. Ellos son testigos de la fidelidad y la gracia de Dios quien suple las necesidades de una iglesia urbana que continuamente está creciendo.

Creyendo que nuestro ministerio más grande es la oración, ella supervisa la Banda de Oración, un grupo de intercesores que a diarios interceden por las necesidades de la congregación, de varios ministerios, el personal del Pastor y por las llamadas que entran a la iglesia. María también supervisa el Ministerio de Mujeres en Christ Tabernacle, un ministerio que anima y estimula a mujeres atraves del compartir, adoración y la Palabra de Dios.

María recientemente publico su primer libro, *Desde Tu Cabeza Hasta Tu Corazón*. Con ejemplos poderosos de la Biblia e historia que redimen desde su testimonio incluyendo abandono, soledad, rechazo, y uso de drogas – este libro te dará las llaves para obtener el acceso al poder de la Palabra de Dios. Comienza hoy renovándote con esta travesía desde tu cabeza hasta tu corazón.

Bendecida con un esposo maravilloso y tres hijos en el ministerio, y sus esposas. Abuela de ocho, María se considera completamente bendecida. Los Durso miran hacia adelante al gran plan que tiene Dios para su ministerio, sus vidas y familia.

Dios continua abriendo puertas para ella ministrar en conferencias, seminario y retiros. Puede comunicarse con María Durso en la página www.mariadurso.com.

45327104R00095

Made in the USA
Middletown, DE
20 May 2019